Nuestra misión es

ESTABLECER A LAS PERSONAS EN LA PALABRA DE DIOS

En Ministerios Precepto creemos que la única respuesta verdadera para impactar a nuestro tan necesitado mundo es **una vida transformada** por la poderosa Palabra de Dios. Con esto en mente, nos estamos movilizando para alcanzar al mundo hispano con el fin de que aprenda a "usar bien la Palabra de Verdad". Para ello, actualmente estamos ofreciendo **entrenamiento gratuito** en las destrezas necesarias para el Estudio Bíblico Inductivo.

¡Únetenos en esta maravillosa experiencia de conocer la metodología inductiva y de aprender a usar nuestra serie de "40 Minutos"!

Puedes comunicarte con nosotros:

Llamándonos al 1-866-255-5942
O enviarnos un email a nuestra dirección: wcasimiro@precept.org

También puedes escribirnos solicitando más información a:
Precept Ministries International
Spanish Ministry
P.O. BOX 182218
Chattanooga, TN 37422
O visitar nuestra página WEB: www.precept.org

Estamos a tu completa disposición, pues estamos convencidos que existimos para cooperar juntamente con la iglesia local con el fin de ver a nuestro pueblo viviendo como ejemplares seguidores de Jesucristo, que estudian la Biblia inductivamente, miran al mundo bíblicamente, hacen discípulos intencionalmente y sirven fielmente a la iglesia en el poder del Espíritu Santo.

40 Minutos DE ESTUDIO BÍBLICO

Programa de Estudio en 6 Semanas

ELEMENTOS

BÁSICOS

PARA UNA

ORACIÓN

EFECTIVA

Ministerios Precepto Internacional

KAY ARTHUR
DAVID & BJ LAWSON

Elementos Básicos Para Una Oración Efectiva
Publicado en inglés por WaterBrook Press
12265 Oracle Boulevard, Suite 200
Colorado Springs, Colorado 80921
Una división de Random House Inc.

Todas las citas bíblicas han sido tomadas de la Nueva Biblia Latinoamericana de Hoy; texto basado en La Biblia de las Américas®. © Copyright 1986, 1995, 1997 por la Fundación Lockman.
Usadas con permiso (www.lockman.org).

ISBN 978-1-62119-026-4

Copyright © 2008 por Ministerios Precepto Internacional

Todos los derechos son reservados. Ninguna parte de esta publicación puede reproducirse, traducirse, ni transmitirse por ningún medio electrónico o mecánico que incluya fotocopias, grabaciones o cualquier tipo de recuperación y almacenamiento de información sin permiso escrito del editor.

WATERBROOK y el diseño del venado de su logotipo son marcas registradas de Random House Inc.

Precepto, Ministerios Precepto Internacional, Ministerios Precepto Internacional Especialistas en el Método de Estudio Inductivo, la Plomada, Precepto Sobre Precepto, Dentro y Fuera, ¡Más Dulce que el Chocolate! Galletas en el Estante de Abajo, Preceptos para la Vida, Preceptos de la Palabra de Dios y Ministerio Juvenil Transform son marcas registradas de Ministerios Precepto Internacional

2012 – Edición Estados Unidos

CÓMO USAR ESTE ESTUDIO

Este estudio bíblico inductivo está dirigido a grupos pequeños interesados en conocer la Biblia, pero que dispongan de poco tiempo para reunirse. Resulta ideal, por ejemplo, para grupos que se reúnan a la hora de almuerzo en el trabajo, para estudios bíblicos de hombres, para grupos de estudio de damas o para clases pequeñas de Escuela Dominical (también es muy útil para grupos que se reúnan durante períodos más largos—como por las noches o sábados por la mañana—que sólo quieran dedicar una parte de su tiempo al estudio bíblico; reservando el resto del tiempo para la oración, comunión y otras actividades).

El presente libro ha sido diseñado de tal forma que el propio grupo complete la tarea de cada lección al mismo tiempo. La discusión de las observaciones, extraídas de lo que Dios dice acerca de un tema en particular, les revelará impactantes y motivadoras verdades.

Aunque se trata de un estudio en grupo y participativo, resulta necesaria la intervención de un moderador para que dirija al grupo—alguien quien procure que la discusión se mantenga activa (la función de esta persona no es la de un conferenciante o maestro; sin embargo, al usar este libro en una clase de Escuela Dominical o en una reunión similar, el maestro deberá sentirse en libertad de dirigir el estudio de forma más abierta; brindando observaciones complementarias, además de las incluidas en la lección semanal).

Si eres el moderador del grupo, a continuación encontrarás algunas recomendaciones que te ayudarán a hacer más fácil tu trabajo:

- Antes de dirigir al grupo, revisa toda la lección y marca el texto. Esto te familiarizará con su contenido y te capacitará para ayudarles con mayor facilidad. La dirección del grupo te será más cómoda si tú mismo sigues las instrucciones de cómo marcar y si escoges un color específico para cada símbolo que marques.

- Al dirigir el grupo comienza por el inicio del texto leyéndolo en voz alta según el orden que aparece en la lección; incluye además los "cuadros de aclaración" que podrían aparecer después de las instrucciones y a mitad de las observaciones o de la discusión. Motívales a trabajar juntos la lección, observando y discutiendo todo cuanto aprendan. Y, al leer los versículos bíblicos, pide que el grupo diga en voz alta la palabra que estén marcando en el texto.
- Las preguntas de discusión sirven para ayudarte a cubrir toda la lección. A medida que la clase participe en la discusión, te irás dando cuenta que ellos responderán las preguntas por sí mismos. Ten presente que las preguntas de discusión son para guiar al grupo en el tema, y no para suprimir la discusión.
- Recuerda lo importante que resulta para la gente el expresar sus respuestas y descubrimientos; pues esto fortalecerá grandemente su entendimiento personal de la lección semanal. Por lo tanto, ¡asegúrate que todos tengan oportunidad de contribuir en la discusión semanal!
- Procura mantener la discusión activa, aunque esto pudiera significarles pasar más tiempo en algunas partes del estudio que en otras. De ser necesario, siéntete en libertad de desarrollar una lección en más de una sesión; sin embargo, recuerda evitar avanzar a un ritmo muy lento, puesto que es mejor que cada uno sienta haber contribuido a la discusión semanal -en otras palabras: "que deseen más"- a que se retiren por falta de interés.
- Si las respuestas del grupo no te parecen adecuadas, puedes recordarles cortésmente que deben mantenerse enfocados en la verdad de las Escrituras; su meta es aprender lo que la Biblia dice, y no el adaptarse a filosofías humanas. Sujétense únicamente a las Escrituras, y permitan que Dios sea quien les hable ¡Su Palabra es verdad! (Juan 17:17).

ELEMENTOS BÁSICOS PARA UNA ORACIÓN EFECTIVA

¿Oras? ¿Realmente, oras? ¿Cuán a menudo? ¿Cuán efectivas parecen ser tus oraciones?

¿Te preguntas si tu vida de oración es todo lo que debería ser? ¿Te preguntas algún momento si Dios aún responde cuando las personas oran? ¿Te preocupa que no entiendas verdaderamente lo que es realmente la oración?

Si te has hecho a ti mismo estas preguntas, no estás solo. Casi todos nosotros nos hemos preguntado en algún momento lo que es realmente la oración y cómo – o si – realmente funciona.

En este estudio descubriremos las respuestas a estas preguntas mientras examinamos lo que enseña la Escritura acerca de la oración y consideremos cómo aplicar esas verdades a nuestras propias vidas.

También exploraremos la conexión entre la oración y agradar a Dios. A. W. Tozer, un hombre conocido por su vitalidad en su vida de oración, una vez escribió, "Lo que el hombre de oración hace es alinear su voluntad con la voluntad de Dios para que Dios pueda hacer lo que Él ha estado deseando hacer a lo largo del camino."[1]

Por las siguientes seis semanas aprenderemos cómo alinear nuestra voluntad con la voluntad de Dios. Esperamos que para el final de este estudio tu vida de oración sea más emocionante y vibrante que nunca antes.

---

[1] A.W. Tozer, *El Precio de la Negligencia*, comp. Harry Verploegh (Camp Hill, PA: Publicaciones Cristianas, 1991), 51-52.

PRIMERA SEMANA

Sabemos que la oración tiene que ver con comunicarse con Dios, pero ¿exactamente cómo es eso? ¿Cuál es el punto de la oración? ¿Realmente un Dios soberano se interesa por nuestras preocupaciones? ¿Y si Él lo hace, cómo deberíamos acercarnos a Él? ¿Acerca de qué tipo de cosas pedimos o hablamos a Él?

Esta semana trataremos de entender la naturaleza y propósito de la oración examinando algunas personas de oración y referencias a la oración en la Biblia.

OBSERVA

Santiago, hermano de Jesús, en su carta del Nuevo Testamento mencionó a uno de los grandes hombres de oración del Antiguo Testamento: Elías.

Líder: Lee Santiago 5:16b-18.
- *Pide que el grupo diga en voz alta y marque las palabras oración y oró con una P.*

Cuando leas el texto, será útil hacer que el grupo diga las palabras clave en voz alta mientras las marcan. De esta manera todos estarán seguros que ellos están marcando cada vez que aparece la palabra, incluyendo cualquier palabra o frase sinónimo. Haz esto a lo largo del estudio.

Santiago 5:16b–18

[16] ... La oración (súplica) eficaz del justo puede lograr mucho.

[17] Elías era un hombre de pasiones semejantes a las nuestras, y oró fervientemente para que no lloviera, y no llovió sobre la tierra por tres años y seis meses.

[18] Oró de nuevo, y el cielo dio lluvia y la tierra produjo su fruto.

4   Elementos Básicos Para Una Oración Efectiva

DISCUTE
- ¿Qué aprendiste de marcar las referencias a oración en este pasaje?

- ¿Has tenido alguna vez una experiencia como la de Elías? ¿Sientes que tus oraciones "alcanzan mucho"? Explica tu respuesta.

- Elías era un hombre como nosotros, pero su vida de oración no era como la de muchos de nosotros. Es algo intimidante, ¿verdad? Por las próximas seis semanas veremos lo que toma transformar nuestra vida de oración en una como la de Elías.

OBSERVA
Veamos una oración ofrecida por el Rey Salomón, el tercer rey de la antigua Israel, en la dedicación del primer templo de Dios en Jerusalén.

Líder: Lee 1 Reyes 8:27-30, 38-39. Pide que el grupo diga en voz alta y...
- *Ponga una S sobre cada referencia a Salomón. Ya que él está hablando en*

1 Reyes 8:27–30, 38–39

²⁷ Pero, ¿morará verdaderamente Dios sobre la tierra? Si los cielos y los cielos de los cielos no Te pueden contener, cuánto menos esta casa que yo he edificado.

²⁸ "No obstante, atiende a la oración de Tu siervo y a su súplica, oh Señor

este pasaje, observa cuidadosamente los **pronombres** y **sinónimos** que se refieren a él, incluyendo la frase **Tu siervo**.
- Marque cada referencia a **oración** con una **O**, incluyendo los sinónimos como **súplica**, **clamar**, y **extender las manos**.

OBSERVACIÓN

Súplica en este pasaje se refiere a la petición de favor o gracia.

DISCUTE
- ¿Qué aprendiste de marcar las referencias a Salomón?

- ¿Qué aprendiste de marcar las referencias a oración en este pasaje?

- ¿Cómo Salomón describió la relación de Dios con Su pueblo?

Dios mío, para que oigas el clamor y la oración que Tu siervo hace hoy delante de Ti;

²⁹ que Tus ojos estén abiertos noche y día hacia esta casa, hacia el lugar del cual has dicho: 'Mi nombre estará allí,' para que oigas la oración que Tu siervo haga hacia este lugar.

³⁰ "Y escucha la súplica de Tu siervo y de Tu pueblo Israel cuando oren hacia este lugar; escucha Tú en el lugar de Tu morada, en los cielos; escucha y perdona.

³⁸ toda oración o toda súplica que sea hecha por cualquier hombre o por todo Tu pueblo Israel, conociendo cada cual la aflicción

de su corazón, y **extendiendo sus manos** hacia esta casa;

³⁹ escucha Tú *desde* los cielos, el lugar de Tu morada, y perdona, actúa y da a cada uno conforme a todos sus caminos, *ya que* conoces su corazón, porque sólo Tú conoces el corazón de todos los hijos de los hombres,

Salmo 3:1–5

¹ ¡Oh Señor, cómo se han multiplicado mis adversarios! Muchos se levantan contra mí.

² Muchos dicen de mi: "Para él no hay salvación en Dios." (Selah)

³ Pero Tú, oh Señor, eres escudo en derredor mío,

• ¿Qué estaba él pidiendo de Dios?

• Discute los sinónimos para oración que marcaste en este pasaje. ¿Qué revelan acerca de la naturaleza de la oración? *encontraste*

OBSERVA

El libro de los Salmos es una colección de canciones y oraciones para el pueblo de Dios. Veremos tres salmos de David. El primero fue escrito cuando él huyó de Absalón, su hijo quien lideró una conspiración para tomar no solo el trono de David sino también su vida (2 Samuel 15).

Líder: Lee el Salmo 3:1-5. Pide que el grupo...
- *Ponga una **D** sobre cada vez que aparecen los pronombres **mío**, **yo** y **él**, cuando se refiera a **David**, quien está hablando en este pasaje.*
- *Ponga una **O** sobre la frase **clamando al Señor**.*

OBSERVACIÓN

La palabra *selah* aparece frecuentemente en los salmos. Su significado no es claro, pero muchos estudiosos creen que *selah* es un término musical que indica una pausa en la música.

Primera Semana — 7

DISCUTE
- ¿Qué aprendiste acerca de David en los versículos 1 y 2? ¿Cómo describirías sus emociones en este punto?

- La palabra pero en el versículo 3 señala un contraste, un cambio en la dirección. De acuerdo con los versículos 4 y 5, ¿qué acciones tomó David en medio de sus enemigos y sus burlas, y por qué él siguió este curso de acción?

- ¿Qué frase es usada en este pasaje para describir la oración?

- Cuando Dios respondió la oración de David, ¿cómo respondió David? ¿Qué cambio indica esto de las emociones que él sintió al inicio de la oración?

- Piensa en un tiempo cuando te sentiste preocupado u oprimido, cuando parecía que todas las opciones estaban contra ti. ¿Qué hiciste?

Mi gloria, y el que levanta mi cabeza.

⁴ Con mi voz clamé al SEÑOR, Y El me respondió desde Su santo monte. (Selah)

⁵ Yo me acosté y me dormí; Desperté, pues el SEÑOR me sostiene.

Líder: Invita a alguien en el grupo a compartir una situación semejante de su experiencia personal y describe cómo respondieron ellos.

- Discute lo que has aprendido acerca de la oración de este pasaje y cómo puedes aplicarlo a tu propia vida.

Salmo 4:1-5

¹ Cuando clamo, respóndeme, oh Dios de mi justicia. En la angustia *tú* me has aliviado; Ten piedad de mí, escucha mi oración.

² Hijos de hombres, ¿hasta cuándo *cambiarán mi* honra en deshonra? ¿*Hasta cuándo* amarán la vanidad y buscarán la mentira? (Selah)

³ Sepan, pues, que el SEÑOR ha apartado al piadoso para sí; El SEÑOR oye cuando a Él clamo.

OBSERVA
Líder: Lee en voz alta el Salmo 4:1-5. Pide que el grupo...
- Ponga una **O** sobre cada referencia a oración, incluyendo las frases **cuando clamo** y **meditar en tu corazón**.
- Marque cada referencia a **Dios**, incluyendo los pronombres y sinónimos, con un triángulo: △

DISCUTE
- Una vez más David estaba claramente en una situación estresante. ¿Cómo respondió él?

- ¿Qué esperó él que Dios hiciera con respecto a su oración? ¿En qué basó David sus expectativas?

Primera Semana | 9

- ¿Qué aprendiste acerca de Dios en este pasaje?

⁴ Tiemblen, y no pequen; Mediten en su corazón sobre su lecho, y callen. (Selah)

- ¿Qué observaste acerca de nuestras emociones en conexión con la oración, de acuerdo con los versículos 4 y 5? ¿Qué otra opción tenemos mas que negar nuestras emociones o rendirnos a ellas? Explica tu respuesta.

⁵ Ofrezcan sacrificios de justicia, Y confíen en el Señor.

- ¿Cómo puedes aplicar lo que acabas de aprender acerca de la oración en la siguiente ocasión en que te encuentres en situaciones estresantes?

OBSERVA
Hemos visto que cuando David se encontró en situaciones estresantes, en lugar de rendirse a sus temores o enfocarse en sus circunstancias, él clamó a Dios y confió en Él.
El resultado fue paz en medio de la dificultad mientras David ofrecía un sacrificio de justicia. Ahora veamos un ejemplo más de este hombre de oración.

Salmo 5:1–3

¹ Escucha mis palabras, oh Señor; Considera mi lamento.

² Atiende a la voz de mi clamor, Rey mío y Dios mío, Porque *es* a Ti *a* quien oro.

³ Oh Señor, de mañana oirás mi voz; De mañana presentaré mi oración a Ti, Y *con* ansias esperaré.

Líder: *Lee el Salmo 5:1-3 en voz alta. Pide que el grupo...*
- *Ponga una **D** sobre cada vez que aparecen los pronombres **mío** y **yo**, que se refieren a **David**, quien está hablando en este pasaje.*
- *Ponga una **O** sobre cada referencia a **oración**, incluyendo los sinónimos como **mis palabras, mi gemido**, y **mi llanto**.*

DISCUTE
- Discute lo que aprendiste acerca de David y su carácter de este pasaje. ¿Dónde estaban sus primeros pensamientos cada día?

- ¿Qué aprendiste de marcar las referencias a oración? ¿Sobre qué estaba orando David, y qué esperaba él que ocurriera?

Líder: *Si el tiempo lo permite, invita a alguien a compartir con el grupo cómo ellos planean aplicar las enseñanzas de este pasaje a su propia vida.*

Primera Semana | 11

OBSERVA

Hasta el momento hemos visto la oración descrita como clamar a Dios. Clamar en dolor, en temor, en desesperación. La mayoría de nosotros se puede identificar con ese tipo de oración. Pero la oración no está limitada solo a clamar por ayuda en tiempo de dificultad, puede servir incluso para un mayor propósito, así como veremos en los siguientes pocos pasajes.

Primero, veamos algunos versículos sobre Isaías, en los que Dios describe al pueblo de Jerusalén. Aunque este es un ejemplo negativo, sirve para enseñarnos otra forma para describir de lo que se trata realmente la oración.

Líder: Lee Isaías 29:13-14 en voz alta. Pide que el grupo...
- *Encierre en un círculo cada referencia al **pueblo**, incluyendo los pronombres.*
- *Ponga una O sobre las frases **acercarse** y **honrarme**.*

DISCUTE
- ¿Qué aprendiste de marcar las referencias al pueblo en este pasaje?

- ¿Cómo el pueblo se acercó a Dios? ¿Estaban sus corazones en ello? Explica tu respuesta.

Isaías 29:13-14

¹³ Dijo entonces el Señor: "Por cuanto este pueblo se acerca a Mí con sus palabras Y Me honra con sus labios, Pero aleja de Mí su corazón, Y su veneración hacia Mí es *sólo* una tradición aprendida de memoria,

¹⁴ Por tanto, volveré a hacer maravillas con este pueblo, prodigiosas maravillas. Y perecerá la sabiduría de sus sabios, Y se eclipsará el entendimiento de sus entendidos."

Hebreos habla de la supremecía de Jesu Cristo

12 | Elementos Básicos Para Una Oración Efectiva

Hebreos 4:14–16

¹⁴ Teniendo, pues, un gran **Sumo Sacerdote** que trascendió los cielos, **Jesús, el Hijo de Dios**, retengamos nuestra fe.

¹⁵ Porque no tenemos un **Sumo Sacerdote** que no pueda compadecerse de nuestras flaquezas, sino **Uno** que ha sido tentado en todo como nosotros, pero sin pecado.

¹⁶ Por tanto, acerquémonos con confianza al trono de la gracia para que recibamos misericordia, y hallemos gracia para la ayuda oportuna.

Hebreos 7:25

²⁵ Por lo cual **Él** también es poderoso para salvar para siempre a los que por medio de **Él**

- En este contexto ¿qué significa acercarse?

- ¿Cuál fue Su respuesta?

- ¿Contestaría Dios sus oraciones? ¿Por qué si o por qué no?

- Discute cómo este pasaje podría ser relevante para nuestros servicios de adoración y nuestra vida de oración hoy en día.

OBSERVA

Líder: Lee Hebreos 4:14-16; 7:25; y 10:19-22 en voz alta. Pide que el grupo diga y...
- Encierre en un círculo cada vez que aparece el pronombre **nosotros** y las terminaciones verbales que se refiere a **los creyentes**.
- Marque cada referencia a **Jesús**, incluyendo los pronombres como **Él** y los sinónimos como **sumo sacerdote** y **Quien**, con una cruz: †
- Ponga una **O** sobre la palabra **acercarse**.

Primera Semana | 13

DISCUTE
- ¿Qué aprendiste de marcar las referencias a creyentes en estos versículos? ¿Qué tenemos, y qué debemos hacer?

- ¿Para qué propósito (s) deberíamos acercarnos al trono de Dios?

- ¿Qué nos da la confianza de acercarnos a Él?

- ¿Qué aprendiste acerca de la oración de estos versículos?

- Discute lo que podemos esperar cuando oramos y cómo esto se aplica a tu propia vida de oración.

se acercan a Dios, puesto que vive perpetuamente para interceder por ellos.

Hebreos 10:19-22

^{19} Entonces, hermanos, puesto que tenemos confianza para entrar al Lugar Santísimo por la sangre de Jesús,

^{20} por un camino nuevo y vivo que Él inauguró para nosotros por medio del velo, es decir, Su carne,

^{21} y puesto que tenemos un gran Sacerdote sobre la casa de Dios,

^{22} acerquémonos con corazón sincero (verdadero), en plena certidumbre de fe, teniendo nuestro corazón purificado de mala conciencia y nuestro cuerpo lavado con agua pura.

FINALIZANDO

¿Has escuchado a otros orar y te has sentido intimidado porque sus palabras sonaban tan bien compuestas? Relájate. La oración no requiere una cita, no requiere un atavío apropiado, e incluso no requiere de una gramática apropiada. Como muestra el ejemplo de David, la oración es tan natural como clamar. Clamar y decirle a Dios lo que está en tu corazón. Clamar y decirle a Dios lo que necesitas. Clamar y hacer súplica.

¿Qué es la oración? La oración es simplemente acercarse a Dios y hablar con Él. Como leímos en Hebreos 4, tenemos acceso a Él a través de nuestro sumo sacerdote, Jesucristo. Por Él, podemos entrar a la habitación del trono de los cielos y acercarnos a Dios. Allí podemos clamar, podemos pedir ayuda, podemos poner nuestros problemas a Sus pies. Entonces, como David demostró en los salmos 3 y 4, podemos descansar porque sabemos que el Señor nos sostiene.

Esta semana separa algo de tiempo para clamar a Dios acerca de las preocupaciones de tu corazón. Acércate a Él y disfruta de Su presencia.

Líder: *Si tienes tiempo, haz una pausa para que el grupo ore en silencio. Anímalos a clamar a Dios acerca de las preocupaciones de sus corazones. Anímalos a acercarse a Él y disfrutar de Su presencia. Después de pocos minutos de silencio, cierra en oración, pidiéndole a Dios que enseñe a tu grupo a orar.*

SEGUNDA SEMANA

Vimos la semana pasada que la oración puede definirse como "acercarse a Dios." En la oración podemos ser honestos con respecto a nuestras preocupaciones y confiarlas a Dios. Tan reafirmante cómo es esto, trae algunas nuevas preguntas: ¿si la oración es tan simple, por qué tantos de nosotros tenemos vidas de oración tan débiles? ¿Es posible para un cristiano "ordinario" orar con la pasión de David y el poder de Elías? Esta semana empezaremos respondiendo esas preguntas.

OBSERVA

La oración, conversación con Su Padre, era una marca distintiva de la vida de Jesús sobre la tierra, un hecho que no escapó de la atención de los discípulos.

Líder: Lee Lucas 11:1 en voz alta.
- *Pide que el grupo diga en voz alta y marque las palabras **oración** y **orar** con una **O**.*

Lucas 11:1

¹ Aconteció que estando Jesús orando en cierto lugar, cuando terminó, Le dijo uno de Sus discípulos: "Señor, enséñanos a orar, así como Juan enseñó también a sus discípulos."

DISCUTE
- ¿Qué aprendiste de marcar oración y orar?

- ¿Te has sentido intimidado por la vida de oración de alguien más, tal vez pensando, Yo no podría orar así? Relaciona tu experiencia de cómo los discípulos se podrían haber sentido después de escuchar a Jesús orando.

- ¿Qué petición hicieron los discípulos,

Mateo 6:5-8

⁵ "Cuando ustedes oren, no sean como los hipócritas; porque a ellos les gusta ponerse en pie y orar en las sinagogas y en las esquinas de las calles, para ser vistos por los hombres. En verdad les digo *que ya* han recibido su recompensa.

⁶ "Pero tú, cuando ores, entra en tu aposento, y cuando hayas cerrado la puerta, ora a tu Padre que está en secreto, y tu Padre, que ve en lo secreto, te recompensará.

⁷ "Y al orar, no usen ustedes repeticiones sin sentido, como los Gentiles, porque ellos se imaginan que serán oídos por su palabrería.

y qué nos muestra esto acerca de su corazón?

¿Qué hay acerca de ti? ¿Tienes un corazón para aprender cómo orar? El deseo de orar es el elemento más importante en aprender cómo hacerlo.

OBSERVA

En Mateo 6, parte del Sermón del Monte, encontramos la enseñanza básica de Jesús sobre la oración. Sus instrucciones aquí formarán nuestro bosquejo para las siguientes pocas semanas mientras aprendemos cómo debemos orar.

Líder: Lee Mateo 6:5-8 en voz alta. Pide que el grupo...
- *Subraye cada vez que aparece la frase **cuando tú**.*
- *Marque cada vez que aparecen las palabras **orar** y **orando** con una **O**.*

DISCUTE

De lo que leíste en este pasaje, ¿Jesús esperaba que sus seguidores oraran? Explica tu respuesta.

¿Qué más aprendiste de marcar las

Segunda Semana 17

referencias a orar? ¿Qué dos cosas no debemos hacer cuando oramos?

⊙ ¿Estaba Jesús prohibiendo la oración en público? Explica tu respuesta.

⊙ ¿Qué piensas que Jesús quiso decir con "repeticiones sin sentido"?

⊙ ¿Cómo podemos identificar y evitar las repeticiones sin sentido en nuestras oraciones hoy en día?

OBSERVA
Veamos a continuación lo que a menudo es llamado El Padre Nuestro, que muchos estudiantes de las Escrituras ven como un modelo para la oración.

Líder: Lee Mateo 6:9-13 en voz alta. Pide que el grupo diga y...
- Ponga una **O** sobre la palabra **orar**.
- Marque cada referencia a **Dios**, incluyendo los pronombres como **Tú** y el sinónimo **Padre**, con un triángulo:

⁸ "Por tanto, no se hagan semejantes a ellos; porque su Padre sabe lo que ustedes necesitan antes que ustedes lo pidan.

Mateo 6:9–13

⁹ "Ustedes, pues, oren de esta manera: 'Padre nuestro que estás en los cielos, Santificado sea Tu nombre.

¹⁰ 'Venga Tu reino. Hágase Tu voluntad, Así en la tierra como en el cielo.

¹¹ 'Danos hoy el pan nuestro de cada día.

¹² 'Y perdónanos nuestras deudas (ofensas, pecados), como también nosotros hemos perdonado a nuestros deudores (los que nos ofenden, nos hacen mal).

18   Elementos Básicos Para Una Oración Efectiva

¹³ 'Y no nos metas (no nos dejes caer) en tentación, sino líbranos del mal (del maligno). Porque Tuyo es el reino y el poder y la gloria para siempre. Amén.'

DISCUTE

- A la luz de lo que leímos antes en Mateo 6:7, ¿las palabras de Jesús en el versículo 9 indican que Él pretendió que Sus discípulos repitieran esas palabras exactas regularmente? Explica tu respuesta.

- Si El Padre Nuestro provee una estructura básica para nuestras conversaciones con Dios, deberíamos notar los elementos clave que sugiere. Lee el pasaje nuevamente, observando estos elementos, y junto a cada elemento clave listado a continuación, anota el número de versículo donde aparece.

  __9__ Adoración – mostrando reverencia

  __10__ Declaración de tu alianza con Dios—Formulando tu lealtad.

  __11__ Petición – haciendo peticiones

  __12__ Confesión de pecado – buscando perdón

  __13__ Petición por cuidado – rogando por protección

- ¿Qué elemento empieza y termina en esta oración? ¿Qué sugiere esto? #9

Segunda Semana 19

• Discute lo que observaste hasta el momento acerca de El Padre Nuestro y cómo impactará en tu vida de oración.

OBSERVA

Hemos visto que Jesús dio a Sus discípulos un modelo para orar que empezaba y terminaba con adoración, con reconocer a Dios en los cielos y exaltando Su nombre. Veamos lo que podemos aprender de otros que incorporaron la adoración en sus oraciones, empezando con Josafat, un antiguo rey judío del linaje de David y Salomón.

Líder: Lee en voz alta 2 Crónicas 20:1-4. Pide que el grupo…
- Ponga una **J** sobre cada referencia a Josafat, incluyendo los pronombres.
- Ponga una **O** sobre cada vez que aparece la frase **busca al Señor** y **busca ayuda del Señor**.

DISCUTE

• ¿Qué revelan los versículos 1 y 2 acerca de la situación de Josafat?

• ¿Cuál fue su respuesta inicial? ¿Cómo se sobrepuso a ella?

2 Crónicas 20:1-4

¹ Aconteció después de esto, que los Moabitas, los Amonitas, y con ellos *algunos* de los Meunitas, vinieron a pelear contra Josafat.

² Entonces vinieron algunos y dieron aviso a Josafat: "Viene contra ti una gran multitud de más allá del mar, de Aram y ya están en Hazezon Tamar, es decir, En Gadi."

³ Josafat tuvo miedo y se dispuso a buscar al Señor, y proclamó ayuno en todo Judá.

⁴ Y Judá se reunió para buscar *ayuda* del SEÑOR; aun de todas las ciudades de Judá vinieron para buscar al SEÑOR.

2 Crónicas 20:5-12

⁵ Entonces Josafat se puso en pie en la asamblea de Judá y de Jerusalén, en la casa del SEÑOR, delante del atrio nuevo,

⁶ y dijo: "Oh SEÑOR, Dios de nuestros padres, ¿no eres Tú Dios en los cielos? ¿Y no gobiernas Tú sobre todos los reinos de las naciones? En Tu mano hay poder y fortaleza y no hay quien pueda resistirte.

⁷ "¿No fuiste Tú, oh Dios nuestro, el que echaste a los habitantes de esta

• ¿Qué guió Josafat a Judá que hiciera y por qué?

• Discute cómo este curso de acción se aplicaría a nuestras vidas hoy en día.

OBSERVA
Josafat y su pueblo enfrentaron una grave amenaza, así que el rey se volvió al Señor. Cuando leas su oración en este pasaje, observa cuidadosamente para ver cómo él incorpora el elemento de la adoración.

Líder: Lee 2 Crónicas 20:5-12 en voz alta. Pide que el grupo...
- Marque cada referencia a **Dios**, incluyendo los sinónimos y pronombres, con un triángulo como antes.
- Ponga una **O** sobre la palabra **clamar**.

DISCUTE
- Brevemente resume la descripción de Josafat de Dios.

Segunda Semana   21

- Compara la oración de Josafat con El Padre Nuestro. ¿Qué similitudes notas?

- ¿Acerca de qué le recordó Josafat a Dios en los versículos 7-9?

- ¿En qué versículo encuentras la petición de Josafat a Dios? ¿Qué, específicamente, pidió él?

- ¿Qué aprendiste de Josafat que puedas aplicar a tu propia vida de oración?

OBSERVA
Vimos que parte de la oración de Josafat fue dedicada a recordarle a Dios Sus promesas y luego pedirle Su liberación. Pero primero, como Jesús, él abrió su oración honrando a Dios y reconociendo Quién es Él.

tierra delante de Tu pueblo Israel, y la diste para siempre a la descendencia de Tu amigo Abraham?

⁸ "Y han habitado en ella, y allí Te han edificado un santuario a Tu nombre, diciendo:

⁹ 'Si viene mal sobre nosotros, espada, juicio, pestilencia o hambre, nos presentaremos delante de esta casa y delante de Ti (porque Tu nombre está en esta casa), y clamaremos a Ti en nuestra angustia, y Tú oirás y *nos* salvarás.'

¹⁰ "Y ahora, los Amonitas y Moabitas y los del Monte Seir, a quienes no permitiste que Israel invadiera cuando

salió de la tierra de Egipto (por lo cual se apartaron de ellos y no los destruyeron),

[11] mira *cómo* nos pagan, viniendo a echarnos de Tu △ posesión, la que nos diste en heredad. △

[12] "Oh Dios △ nuestro, ¿no los juzgarás? Porque no tenemos fuerza alguna delante de esta gran multitud que viene contra nosotros, y no sabemos qué hacer; pero nuestros ojos están vueltos hacia Ti." △

Si vamos a seguir el ejemplo de Jesús incorporando la adoración y exaltación en nuestras oraciones, necesitamos estar familiarizados con quién es Él. La Biblia usa numerosos nombres para Dios, cada uno de los cuales revela algo acerca de Su carácter.

Veamos algunos pasajes del Antiguo Testamento para considerar tres de los nombres de Dios y para aprender lo que ellos implican en nuestra adoración.[1]

Primero, vayamos a Génesis 14 donde Abram, cuyo nombre fue más tarde cambiado a Abraham, acababa de regresar de la batalla donde él derrotó cinco reyes y rescató a su sobrino Lot, junto con algunos otros.

Líder: Lee Génesis 14:18-20 en voz alta.
- Pide que el grupo diga en voz alta y marque cada referencia a **Dios Altísimo** con un triángulo.

DISCUTE
- ¿Qué nombre para Dios es usado tres veces en este pasaje?

---

[1] Para un estudio más detallado sobre los nombres de Dios, recomendamos *Señor, Quiero Conocerte*, por Kay Arthur, publicado por WaterBrook Press.

Segunda Semana | **23**

- ¿Qué descripción adicional de Dios se da en el versículo 19?

OBSERVACIÓN

El término *Dios Altísimo* es el equivalente para El-Elión. Es un nombre que habla de la soberanía de Dios.

- ¿Qué, exactamente, había hecho Dios por Abram, de acuerdo con Melquisedec?

OBSERVA
Líder: Lee el Salmo 91:1-9 en voz alta.
- Pide que el grupo diga y marque cada referencia a **Dios**, incluyendo los sinónimos y pronombres, con un triángulo.

DISCUTE
- ¿Qué tiempo es usado dos veces en este pasaje para describir a Dios?

- ¿Qué otras descripciones de Dios notaste?

Génesis 14:18–20

¹⁸ Y Melquisedec, rey de Salem (Jerusalén, Ciudad de Paz), sacó pan y vino; él era sacerdote del Dios Altísimo.

¹⁹ El lo bendijo, diciendo: "Bendito sea Abram del Dios Altísimo, Creador (Dueño) del cielo y de la tierra;

²⁰ Y bendito sea el Dios Altísimo Que entregó a tus enemigos en tu mano." Y *Abram* le dio el diezmo de todo.

Salmo 91:1–9

¹ El que habita al amparo del Altísimo Morará a la sombra del Omnipotente.

² Diré yo al SEÑOR: "Refugio mío y

fortaleza mía, Mi Dios, en quien confío."

³ Porque Él te libra del lazo del cazador Y de la pestilencia mortal.

⁴ Con Sus plumas te cubre, Y bajo Sus alas hallas refugio; Escudo y baluarte es Su fidelidad.

⁵ No temerás el terror de la noche, Ni la flecha que vuela de día,

⁶ Ni la pestilencia que anda en tinieblas, Ni la destrucción que hace estragos en medio del día.

⁷ Aunque caigan mil a tu lado Y diez mil a tu diestra, A ti no se acercará.

⁸ Con tus ojos mirarás Y verás la paga de los impíos.

⁹ Porque has puesto al Señor, *que es* mi refugio, Al Altísimo, *por* tu habitación.

- ¿Cómo el saber estas cosas acerca de Dios te ayudan en tiempos de dificultad?

- Discute cómo el conocer a Dios como el Dios Altísimo se relaciona con la adoración y cómo eso podría afectar tu vida de oración.

OBSERVA
Líder: *Lee el Salmo 23:1-6 en voz alta.*
- Pide que el grupo enumere **cada acción que Dios toma** en este pasaje. *(Lo primero – "en lugares de verdes pastos me hace descansar" – está enumerado para ti).*

DISCUTE
- ¿Qué rol atribuye el salmista al Señor en este pasaje?

Segunda Semana | 25

- Haz una lista de las acciones de Dios a tu favor como se describe en el Salmo 23 y está enumerada para ti.

- En términos prácticos, ¿cómo podríamos ver evidencia de que Dios está actuando en esta manera en particular en nuestras propias vidas?

- ¿Cómo puede el conocer a Dios como tu pastor impactar tu vida de oración personal? ¿tu adoración?

Salmo 23:1–6

¹ El Señor es mi pastor, Nada me faltará.

² En *lugares de* (1) verdes pastos me hace descansar; (2) Junto a aguas de reposo me conduce.

³ (3) Él restaura mi alma; Me guía (4) por senderos de justicia Por amor de Su nombre.

⁴ Aunque pase por el valle de sombra de muerte, No temeré mal alguno, porque Tú estás (5) conmigo; Tu vara (6) y Tu cayado me infunden aliento.

(7)
⁵ Tú preparas mesa delante de mí en presencia de mis enemigos; Has (8) ungido mi cabeza con aceite; Mi copa está rebosando.

⁶ Ciertamente el bien y la misericordia me seguirán todos los días de mi vida, Y en la casa del SEÑOR moraré por largos días.

Éxodo 15:26

²⁶ Y *Dios* les dijo: "Si escuchas atentamente la voz del SEÑOR tu Dios, y haces lo que es recto ante Sus ojos, y escuchas Sus mandamientos, y guardas todos Sus estatutos, no te enviaré ninguna de las enfermedades que envié sobre los Egipcios. Porque Yo, el SEÑOR, soy tu sanador."

OBSERVA

Veamos una descripción más o nombre de Dios.

Líder: Lee Éxodo 15:26 y el Salmo 107:17-21 en voz alta. Pide que el grupo diga y...
- *Marque con un triángulo cada referencia a **Dios**, incluyendo los pronombres y sinónimos como **el Señor**.*
- *Ponga una **R** sobre cada referencia a **rebeldes**, incluyendo los pronombres.*

DISCUTE

• ¿Quién dice Dios que es Él en Éxodo 15:26?

OBSERVACIÓN

El nombre hebreo usado para describir a Dios como sanador es *Jehová Rafa*, que literalmente significa "el Señor que sana."

• ¿Qué aprendiste de marcar las referencias a rebeldes en el Salmo 107?

• ¿Por qué ellos clamaron y oraron a Dios?

Segunda Semana | 27

Salmo 107:17–21

¹⁷ Por causa de sus caminos rebeldes, Y por causa de sus iniquidades, los insensatos fueron afligidos.

- ¿Qué acción(es) tomó Dios en respuesta a sus oraciones?

¹⁸ Su alma aborreció todo alimento, Y se acercaron hasta las puertas de la muerte.

- Discute cómo el entender el rol de Dios como tu sanador podría afectar tus oraciones.

¹⁹ Entonces en su angustia clamaron al Señor Y Él los salvó de sus aflicciones.

²⁰ El envió Su palabra y los sanó Y los libró de la muerte.

²¹ Que ellos den gracias al Señor por Su misericordia Y por Sus maravillas para con los hijos de los hombres.

FINALIZANDO

En Mateo 6:5-15 Jesús nos dio un modelo de oración que incluye varios elementos clave, el primero de los cuales es la adoración: "Padre nuestro que estás en el cielo, santificado sea Tu nombre." Alguien ha definido la adoración como nuestra respuesta a la gracia y misericordia de Dios. Adoramos a Dios reconociendo quién es Él y cómo Él actúa a nuestro favor, lo que aprendemos al estudiar Su carácter como se revela en Su Palabra.

Por ejemplo, la Biblia revela que Él es el Dios Altísimo, completamente en control de las circunstancias de nuestras vidas. Nada escapa de Su atención; ninguna circunstancia está más allá de Su alcance. Él es capaz y está deseoso de escuchar tu oración y responderte en tu tiempo de dificultad. Como tu Pastor y tu Sanador, Dios ofrece restaurar tu alma y salvarte de tus aflicciones.

Por favor ten en cuenta que cuando ves las oraciones en la Biblia, nunca encuentras a los fieles siervos de Dios repitiendo la misma palabra o frase una y otra vez como "Alabado seas Jesús, Alabado seas Jesús." Más bien el adorador repasa el carácter de Dios y Sus caminos, recordándole Su fidelidad y Sus maravillosas promesas. Los paganos a menudo se encontraban en repeticiones con emoción y frenesí de una frase en la adoración a sus dioses. Pero ¡no los hijos de Dios! Nuestra adoración no está basada en la emoción sino en la verdad; no en lo ferviente de nuestras palabras sino en la fidelidad de Dios.

Líder: Cierra con un tiempo de oración. Invita al grupo a adorar a Dios simplemente reconociendo Quién es Él. Podrías sugerir que usen una frase o solo una palabra para describir en oración Quién es Dios. Luego cierra leyendo el Salmo 107:1-13:

Den gracias al Señor, porque El es bueno; Porque para siempre es Su misericordia.
Díganlo los redimidos del Señor, A quienes ha redimido de la mano del adversario,
Y los ha reunido de las tierras, Del oriente y del occidente, Del norte y del sur.
Vagaron por el desierto, por lugar desolado, No hallaron camino a ciudad habitada;
Hambrientos y sedientos, Su alma desfallecía en ellos.
Entonces en su angustia clamaron al Señor, Y El los libró de sus aflicciones;
Y los guió por camino recto, Para que fueran a una ciudad habitada.
Den gracias al Señor por Su misericordia Y por Sus maravillas para con los hijos de los hombres.
Porque El ha saciado al alma sedienta, Y ha llenado de bienes al alma hambrienta.
Moradores de tinieblas y de sombra de muerte, Prisioneros en miseria y en cadenas,
Porque fueron rebeldes a las palabras de Dios Y despreciaron el consejo del Altísimo;
Humilló sus corazones con trabajos, Tropezaron y no hubo quien *los* socorriera.
Entonces en su angustia clamaron al Señor Y El los salvó de sus aflicciones;

TERCERA SEMANA

Esta semana continuaremos estudiando los primeros elementos de la oración mirando específicamente el rol del agradecimiento en nuestra adoración.

Cuando te acercas a Dios, cuando clamas a Él, cuando oras… ¿te encuentras simplemente agradeciéndole por lo que Él ha hecho en tu vida? Y luego, ¿la gracia y misericordia de Dios te mueve más allá del agradecimiento a jurar lealtad a Él? Ciertamente debería, querido amigo. Y allí es donde nuestro estudio de esta semana empezará. Descubriremos cómo nuestra adoración a Dios lógicamente nos lleva a la eterna lealtad a Su reino.

Tienes un maravilloso estudio delante de ti. Disfruta tu tiempo en la Palabra de Dios.

Daniel 2:19–23

¹⁹ Entonces el misterio fue revelado a Daniel en una visión de noche. Daniel entonces bendijo al Dios del cielo,

²⁰ y dijo: "Sea el nombre de Dios bendito por los siglos de los siglos, Porque la sabiduría y el poder son de Él.

²¹ Él es quien cambia los tiempos y las edades; Quita reyes y pone

OBSERVA

Como hombre joven, el profeta Daniel fue tomado cautivo durante el sitio babilonio a Jerusalén y fue asignado a ser entrenado para el servicio en la corte del rey Nabucodonosor. Cuando el rey tuvo un sueño que nadie podía interpretar, Daniel buscó a Dios por una respuesta. Veamos lo que ocurrió después.

Líder: *Lee en voz alta Daniel 2:19-23. Pide que el grupo diga en voz alta y…*
- *Marque con un triángulo cada referencia a **Dios**, incluyendo los pronombres.*
- *Subraye con doble línea la palabra **gracias**.*

Tercera Semana | 31

DISCUTE

- ¿Qué características de Dios resaltó Daniel en estos versículos?

- Discute cómo ves la adoración manifestada en este pasaje.

- Discute cualquier observación de la oración de Daniel que se pudiera relacionar con tu vida de oración personal.

reyes. Da sabiduría a los sabios, Y conocimiento a los entendidos.

²² Él es quien revela lo profundo y lo escondido. Conoce lo que está en tinieblas, Y la luz mora con Él.

²³ A ti, Dios de mis padres, yo doy gracias y alabo, Porque me has dado sabiduría y poder, Y ahora me has revelado lo que Te habíamos pedido, Pues nos has dado a conocer el asunto del rey."

Filipenses 4:4-6

⁴ Regocíjense en △el Señor siempre. Otra vez *lo* diré: ¡Regocíjense!

⁵ La bondad de ustedes sea conocida de todos los hombres. El △Señor está cerca.

⁶ Por nada estén afanosos; antes bien, en todo, mediante oración y ○súplica con acción de gracias, sean dadas a conocer sus ○peticiones delante de Dios. △

Salmo 100:1-4

¹ △Aclamen con júbilo al Señor, toda la tierra.

² Sirvan al △Señor con alegría; Vengan △ante Él con cánticos de júbilo.

OBSERVA

Líder: Lee en voz alta los siguientes pasajes de Filipenses 4 y Salmos 100 y 118. Pide que el grupo...

- Dibuje un triángulo sobre cada referencia **al Señor**, incluyendo los sinónimos y pronombres.
- Subraye con doble línea verde las palabras **gracias** y **agradecimiento**.
- Ponga una **O** sobre cada referencia a **oración** y **orar**, incluyendo los sinónimos como **súplica, petición** y **clamar**.

DISCUTE

• ¿Qué aprendiste acerca del Señor y nuestra relación con Él de estos pasajes? ¿Qué debemos hacer?

• ¿Qué aprendiste acerca de la oración de estos versículos?

- ¿Qué relación ves entre la oración y agradecimiento?

- De acuerdo a Filipenses 4:6; ¿qué debe acompañar nuestras oraciones y peticiones? Discute lo que parece ser en la vida de un creyente y cómo este elemento de la oración se relaciona contigo.

OBSERVA

Hemos visto que la adoración es el primero y último elemento del modelo de oración, y el agradecimiento es una parte natural de la adoración.

Mientras oramos, debemos entrar por Sus puertas con agradecimiento y a Sus patios con alabanza.

El segundo elemento de la oración – nuestra declaración de lealtad al reino de Dios – es un resultado natural de adoración y especialmente de agradecimiento. Cuando pensamos acerca de lo que Él ha hecho en nuestras vidas, la única respuesta razonable es prometer nuestra eterna lealtad a Él: "Venga Tu reino. Hágase Tu voluntad, Así en la tierra como en el cielo" (Mateo 6:10).

³ Sepan que El, el SEÑOR, es Dios; El nos hizo, y no nosotros *a nosotros mismos;* Pueblo Suyo *somos* y ovejas de Su prado.

⁴ Entren por Sus puertas con acción de gracias, *Y* a Sus atrios con alabanza. Denle gracias, bendigan Su nombre.

Salmo 118:1-9

¹ Den gracias al SEÑOR, porque El es bueno; Porque para siempre es Su misericordia.

² Diga ahora Israel: "Para siempre es Su misericordia."

³ Diga ahora la casa de Aarón: "Para siempre es Su misericordia."

⁴ Digan ahora los que temen (reverencian) al SEÑOR: "Para siempre es Su misericordia."

⁵ En medio de *mi* angustia invoqué al SEÑOR; El SEÑOR me respondió *y me puso* en un lugar espacioso.

⁶ El SEÑOR está a mi favor; no temeré. ¿Qué puede hacerme el hombre?

⁷ El SEÑOR está por mí entre los que me ayudan; Por tanto, miraré *triunfante* sobre los que me aborrecen.

⁸ Es mejor refugiarse en el SEÑOR Que confiar en el hombre.

⁹ Es mejor refugiarse en el SEÑOR Que confiar en príncipes.

Tercera Semana | 35

Líder: *Lee en voz alta Filipenses 3:20 y Mateo 6:33.*
- *Pide que el grupo diga en voz alta y dibuje una nube como esta alrededor de las palabras **ciudadanía** y **reino**.*

Filipenses 3:20
[20] Porque nuestra ciudadanía (patria) está en los cielos, de donde también ansiosamente esperamos a un Salvador, el Señor Jesucristo,

DISCUTE
- Como creyentes, ¿dónde está nuestra ciudadanía?

Mateo 6:33
[33] Pero busquen primero Su reino y Su justicia, y todas estas cosas les serán añadidas

- De acuerdo con Mateo 6:33, ¿cuál es nuestra responsabilidad como ciudadanos de los cielos?

- ¿Qué evidencia da tu vida de que estás cumpliendo con tu responsabilidad?

- Toma un momento y piensa en un día típico tuyo. ¿Cuánto tiempo pasas persiguiendo el reino de Dios? ¿Qué revela esto acerca de tus verdaderas lealtades?

- ¿Qué enredos del mundo tienden a interferir en tu lealtad a Dios, y cómo tratarás con ellos?

OBSERVA

Líder: *Lee 2 Timoteo 2:15 y Mateo 4:4 en voz alta.*

- *Pide que el grupo diga y ponga una **P** sobre cada vez que aparece **palabra**.*

2 Timoteo 2:15

¹⁵ Procura con diligencia presentarte a Dios aprobado, *como* obrero que no tiene de qué avergonzarse, que maneja con precisión la palabra de verdad.

DISCUTE

- ¿Qué aprendiste de marcar las referencias a la Palabra de Dios en estos versículos? ¿Cómo describirías su importancia en la vida de un creyente?

Mateo 4:4

⁴ Pero Jesús le respondió: "Escrito está: 'NO SOLO DE PAN VIVIRA EL HOMBRE, SINO DE TODA PALABRA QUE SALE DE LA BOCA DE DIOS.'"

- Como ciudadano de los cielos ¿cuál debería ser tu alimento? ¿Qué revela la cantidad de tiempo que pasas con la Palabra de Dios acerca de tu lealtad? Explica tu respuesta

Marcos 8:34

³⁴ Llamando Jesús a la multitud y a Sus discípulos, les dijo: "Si alguien quiere venir conmigo, niéguese a sí mismo, tome su cruz, y sígame.

OBSERVA

Líder: *Lee Marcos 8:34 en voz alta.*

- *Pide que el grupo diga y marque cada pronombre que se refiera a **Jesús** con una cruz como esta:* ✝

DISCUTE
- Cuando Jesús llamó a hombres y mujeres a seguirle, ¿qué tipo de lealtad requirió Él?

- La cruz era un instrumento de muerte. Discute qué te dice esto acerca de seguir a Jesús.

- Tal vez te estarás preguntando en este punto lo que estos pasajes tienen que ver con tu vida de oración. Sigue con nosotros durante un pasaje más, y luego lo uniremos todo junto. Mientras lees, ten en mente la segunda parte de El Padre Nuestro: "Venga Tu reino. Hágase Tu voluntad, Así en la tierra como en el cielo."

OBSERVA
En Mateo 7:18-27, Jesús describió a Sus discípulos lo que significa ser parte de Su reino.

Líder: Lee Mateo 7:18-27 en voz alta. Pide que el grupo diga y...
- Marque cada referencia a **Jesús** con una cruz. Observa cuidadosamente los pronombres y sinónimos, como **Tu nombre**.

Mateo 7:18-27

¹⁸ "Un árbol bueno no puede producir frutos malos, ni un árbol malo producir frutos buenos.

¹⁹ "Todo árbol que no da buen fruto es cortado y echado al fuego.

²⁰ "Así que, por sus frutos los conocerán.

²¹ "No todo el que Me dice: 'Señor, Señor,' entrará en el reino de los cielos, sino el que hace la voluntad de Mi Padre que está en los cielos.

²² "Muchos Me dirán en aquel día: 'Señor, Señor, ¿no profetizamos en Tu nombre, y en Tu nombre echamos fuera demonios, y en Tu nombre

hicimos muchos milagros?'

²³ "Entonces les declararé: 'Jamás los conocí; APARTENSE DE MI, LOS QUE PRACTICAN LA INIQUIDAD.'

²⁴ "Por tanto, cualquiera que oye estas palabras Mías y las pone en práctica, será semejante a un hombre sabio que edificó su casa sobre la roca;

²⁵ y cayó la lluvia, vinieron los torrentes, soplaron los vientos y azotaron aquella casa; pero no se cayó, porque había sido fundada sobre la roca.

²⁶ "Todo el que oye estas palabras Mías y no las pone

- *Dibuje un semicírculo sobre cada referencia a **fruto**, como este:* ⌒
- *Subraye las frases **hace la voluntad de Mi Padre y oye Mis palabras**.*

DISCUTE
- ¿Qué aprendiste al marcar fruto?

- ¿Qué distingue a los verdaderos creyentes de los imitadores?

- ¿Qué aprendiste acerca de Jesús de este pasaje?

- Mientras examinas el contexto de las frases hace la voluntad de Mi Padre y oye Mis Palabras, ¿qué verdades encuentras acerca de tener una relación con Dios?

- ¿Hay algún punto en orar si tú no estás dispuesto a ser leal al reino de Dios haciendo tu parte de cumplir Su voluntad? Explica tu respuesta.

OBSERVA
¿Qué si has hecho cosas que violan la voluntad de Dios? ¿Qué si has sido desleal al reino?

Líder: Lee 1 Juan 1:9 en voz alta.
- Pide que el grupo diga y marque con un triángulo el pronombre **Él**, que se refiere aquí a **Dios**.

OBSERVACIÓN

El pecado es violación a la ley de Dios. *Confesar* es decir lo mismo que Dios dice acerca de tu pecado. En otras palabras, significa estar de acuerdo con Dios que lo que has hecho está mal.

Perdonar significa "enviar lejos o dejar ir." Cuando admitimos nuestros pecados, Dios los deja ir de nosotros. Él nos hace limpios.

en práctica, será semejante a un hombre insensato que edificó su casa sobre la arena;

²⁷ y cayó la lluvia, vinieron los torrentes, soplaron los vientos y azotaron aquella casa; y cayó, y grande fue su destrucción."

1 Juan 1:9

⁹ Si confesamos nuestros pecados, Él es fiel y justo para perdonarnos los pecados y para limpiarnos de toda maldad (iniquidad).

DISCUTE
- ¿Qué puedes hacer si has pecado contra Dios? Discute exactamente lo que significa basado en lo que has aprendido del cuadro de Observación.

- ¿Qué dos cosas hará Dios si confesamos nuestros pecados?

- ¿Sobre qué base podemos estar seguros que Él hará esto? ¿Qué lo obliga a la acción?

Tercera Semana 41

FINALIZANDO

Esta semana vimos que el agradecimiento es un elemento vital para la adoración, el primer elemento del modelo de oración dado por Jesús. Pablo incluso ordenó que oráramos con agradecimiento. Para ser honesto, agradecido, en cada circunstancia se requiere fe. Algunas veces la vida lastima, pero la fe dice, "Dios aún está en Su trono." La fe cree que Dios permanece en control incluso cuando todo alrededor nuestro parece estar mal. En contraste, si cuestionamos la autoridad y poder de Dios, nuestra vida de oración nunca será lo que debería ser.

El segundo elemento de El Padre Nuestro es una declaración de lealtad, o fidelidad, a Dios. Como creyentes, somos ciudadanos de los cielos. La lealtad al reino, sumisión a la voluntad de Dios, significa que debemos morir a nosotros mismos y rendirnos completamente a Él.

Alguna vez has escuchado a alguien decir—o tal vez tú lo has dicho—"Sé que debo orar más, pero…" o "Sé que debería estudiar mi Biblia, pero…" o "Sé que debo testificar, pero…" ¿Pero qué? La manera honesta de terminar tales oraciones sería "pero mi primera lealtad no está en Dios." Cuando nuestra primera lealtad es para el reino de Dios, invertiremos nuestro tiempo de maneras que reflejen esa lealtad.

¿Estás aun resistiéndote a Dios? ¿Estás dándole solo una parte de tu vida mientras tratas de retener el control del resto? Amigo, tu vida de oración nunca será efectiva, nunca será vibrante, y nunca estará viva hasta que jures lealtad incondicional al reino de Dios.

Líder: *Si el tiempo lo permite, Pide que el grupo pase un tiempo de oración, invitando a Dios a buscar en sus corazones y revelar cualquier cosa que les estorbe para tener una lealtad no dividida al apresurar la venida de Su reino. Anímalos a examinarse a sí mismos para ver si ellos están verdaderamente en el reino.*

CUARTA SEMANA

Durante las pasadas tres semanas hemos estado viendo lo que la Biblia dice acerca de la oración y cómo debemos acercarnos a Dios. Hemos estado usando como nuestro bosquejo El Padre Nuestro, el modelo de Jesús provisto cuando los discípulos le pidieron que les enseñe cómo orar.

Como hemos considerado los primeros dos elementos en el Padre Nuestro—adoración y declaración de lealtad—podrías haberte preguntado, ¿Cuándo llegaremos a la parte donde le decimos a Dios lo que necesitamos? Eso es exactamente lo que estaremos cubriendo esta semana: petición e intercesión.

Pero antes de empezar, ¿podemos hacerte una pregunta? ¿Te has preguntado alguna vez si Dios aún responde la oración? Secretamente, profundo en tu alma, ¿has estado temeroso de pedirle a Él lo que realmente necesitas? ¿Temeroso que Él no quiera o no pueda cumplirlo? Amigo, Él puede, Él lo hace. Y oramos para que nuestro estudio de esta semana sea una experiencia que abra los ojos, permitiéndote ver al Dios que provee de una nueva y fresca forma.

OBSERVA

En Mateo 6:11 Jesús oró, "Danos hoy el pan nuestro de cada día." Esta simple oración demuestra que la oración puede y debe involucrar presentar nuestras peticiones a Dios. Veamos algunos otros versículos que apoyan este elemento de la oración.

Líder: Lee en voz alta Lucas 11:1, 5-10. Pide que el grupo haga lo siguiente:
- *Dibuje una línea en zigzag bajo cada vez que aparecen las palabras **pedir, pide, busca, buscan, toca, tocan**:*
- *Ponga ∼∼∼∼la palabra orar, junto con cualquier sinónimo.*
- *Subraye la palabra **persistencia**.*

Lucas 11:1, 5–10

[1] Aconteció que estando Jesús orando en cierto lugar, cuando terminó, Le dijo uno de Sus discípulos: "Señor, enséñanos a orar, así como Juan enseñó también a sus discípulos."

[5] También les dijo: "Supongamos que uno de ustedes tiene un amigo, y va a

él a medianoche y le dice: 'Amigo, préstame tres panes,

⁶ porque un amigo mío ha llegado de viaje a mi *casa,* y no tengo nada que ofrecerle;'

⁷ y aquél, respondiendo desde adentro, le dice: 'No me molestes; la puerta ya está cerrada, y mis hijos y yo estamos acostados; no puedo levantarme para darte *nada.*'

⁸ "Les digo que aunque no se levante a darle *algo* por ser su amigo, no obstante, por su importunidad (insistencia) se levantará y le dará cuanto necesite.

⁹ "Así que Yo les digo: pidan, y se les dará; busquen, y

DISCUTE

- ¿Qué aprendiste acerca de la oración de este pasaje?

- ¿Cuán persistentes deberíamos ser? Explica tu respuesta.

- ¿Cuál es la promesa que tenemos en este pasaje?

- ¿Qué apoyo encuentras en este pasaje sobre la práctica de la intercesión – orar a favor de otros?

- ¿Estás pidiendo? ¿Estás buscando? ¿Estás tocando? ¿O solo te estás sentando allí y deseando? ¿Qué diferencia hará tu respuesta?

Cuarta Semana | **45**

Líder: Invita a alguien en el grupo a compartir una ocasión de su experiencia personal en la que ellos vieron que la persistencia en la oración obtuvo una respuesta de Dios.

OBSERVA
- ¿Qué conexión, si acaso hay alguna, puedes encontrar entre estos dos pasajes?

- De acuerdo con estos versículos, ¿qué es necesario para que una oración sea escuchada y respondida?

- Si cumplimos estas condiciones, ¿qué deberíamos esperar?

- ¿Hay alguna restricción en lo que podemos pedir? Si es así, ¿cuáles son?

hallarán; llamen, y se les abrirá.

[10] "Porque todo el que pide, recibe; y el que busca, halla; y al que llama, se le abrirá.

1 Juan 5:14–15

[14] Esta es la confianza que tenemos delante de El, que si pedimos cualquier cosa conforme a Su voluntad, El nos oye.

[15] Y si sabemos que El nos oye *en* cualquier cosa que pidamos, sabemos que tenemos las peticiones que Le hemos hecho.

Juan 15:7

[7] "Si permanecen en Mí, y Mis palabras permanecen en ustedes, pidan lo que quieran y les será hecho.

Filipenses 4:6

⁶ Por nada estén afanosos; antes bien, en todo, mediante oración y súplica con acción de gracias, sean dadas a conocer sus peticiones delante de Dios.

OBSERVA
Líder: Lee en voz alta Filipenses 4:6.
- *Pide que los estudiantes marquen la palabra **oración** con una **O**.*

OBSERVACIÓN

Como un recordatorio, *súplica* significa "pedir un favor, o misericordia, o gracia."

DISCUTE
- ¿Por qué, de acuerdo con este pasaje, estamos supuestos a estar afanosos?

- ¿Cuál es nuestra alternativa a estar afanosos?

- La Palabra aquí es simple: hagan sus peticiones a Dios. ¿Te estás preocupando, estás nervioso, ansioso? ¿O estás pidiendo? ¿Qué diferencia hará tu respuesta en tu vida y en tus oraciones?

OBSERVA

Por ahora tienes la idea: ¡pide!

¿Pero cómo sabes la voluntad de Dios? ¿Cómo puedes saber de seguro que lo que estás pidiendo está alineado con Su voluntad?

Líder: Lee Romanos 12:1-2 en voz alta. Pide que el grupo…
- *Encierre en un círculo cada vez que aparecen las palabras **sus, ustedes, se** y **su**.*
- *Subraye con doble línea la palabra **voluntad**.*

DISCUTE
- ¿Cuál es tu "culto racional"?

- Discute lo que significa presentar tu cuerpo como un sacrificio.

- ¿Qué nos desafía a hacer el versículo 2? ¿Cómo será eso en tu diario vivir? Explica tu respuesta.

- Finalmente, ¿qué conexión ves entre estas dos responsabilidades y conocer la voluntad de Dios?

Romanos 12:1-2

[1] Por tanto, hermanos, les ruego por las misericordias de Dios que presenten sus cuerpos *como* sacrificio vivo y santo, aceptable (agradable) a Dios, *que es* el culto racional de ustedes.

[2] Y no se adapten (no se conformen) a este mundo, sino transfórmense mediante la renovación de su mente, para que verifiquen cuál es la voluntad de Dios: lo que es bueno y aceptable (agradable) y perfecto.

Miqueas 6:8

⁸ El te ha declarado, oh hombre, lo que es bueno. ¿Y qué es lo que demanda el SEÑOR de ti, Sino sólo practicar la justicia (el derecho), amar la misericordia (lealtad), Y andar humildemente con tu Dios?

OBSERVA

Líder: Lee en voz alta Miqueas 6:8.
- Pide que el grupo diga en voz alta y subraye la frase **lo que el Señor requiere**.

DISCUTE

- Haz una lista de tres cosas que el Señor requiere de nosotros.

- ¿Cómo podemos saber que esto es verdad? ¿Quién nos lo ha dicho?

- De acuerdo con este versículo, ¿cuál es la voluntad de Dios para tu vida?

- ¿Cómo podría este conocimiento ayudarte a interceder en oración por alguien más?

| | Cuarta Semana | 49 |

OBSERVA

Líder: *Lee el Salmo 119:1-8 en voz alta. Pide que el grupo haga lo siguiente:*
- *Subraye cada vez que aparece la frase* **cuán bendecidos son ellos.**
- *Ponga una* **P** *sobre los muchos sinónimos en este pasaje que se refieren a la Palabra de Dios, incluyendo* **ley del Señor, testimonios, Sus caminos, preceptos, estatutos, mandamientos, juicios justos.**

DISCUTE
- Describe a los que son bendecidos. ¿Por qué son ellos bendecidos?

- Solo por si acaso lo hayas pasado por alto, ¿cuál es la relación entre la Palabra de Dios y ser bendecido?

Salmo 119:1–8

[1] ¡Cuán bienaventurados son los de camino perfecto, Los que andan en la ley del Señor!

[2] ¡Cuán bienaventurados son los que guardan Sus testimonios, Y con todo el corazón Lo buscan!

[3] No cometen iniquidad, *Sino que* andan en Sus caminos.

[4] Tú has ordenado Tus preceptos, Para que *los* guardemos con diligencia.

[5] ¡Ojalá mis caminos sean afirmados Para guardar Tus estatutos!

⁶ Entonces no seré avergonzado, Al considerar todos Tus mandamientos.

⁷ Con rectitud de corazón Te daré gracias, Al aprender Tus justos juicios.

⁸ Tus estatutos guardaré; No me dejes en completo desamparo.

• Vemos en Romanos 12:1-2 que los creyentes son responsables de presentar nuestros cuerpos como sacrificios vivos y ser transformados por la renovación de nuestras mentes. Basado en lo que has leído en estos versículos del Salmo 119, ¿qué papel juega la Palabra de Dios en ayudarnos a cumplir esas responsabilidades?

OBSERVA

Nuestro estudio ha mostrado que Dios nos urge a presentar nuestras peticiones a Él y que Él ha prometido escucharnos cuando pedimos algo de acuerdo a Su voluntad. Hemos aprendido que podemos saber Su voluntad conociendo Su Palabra. A medida que estudiamos Su Palabra, Su Palabra habita en nosotros y empezamos a realmente conocer cómo orar.

Pero ¿qué con aquellos tiempos cuando oraste pero las cosas no salieron como tú pediste? ¿Qué acerca de los tiempos cuando alguien no fue sanado, cuando un hijo continuó andando en rebelión, cuando has orado y aun así un ser querido ha muerto?

Veamos varias posibles razones por las que tus oraciones no fueron contestadas como tú esperabas.

Cuarta Semana | 51

Líder: Lee 2 Corintios 12:7-9 en voz alta. Pide que el grupo…
- *Encierre en un círculo cada vez que aparecen los pronombres **yo, yo mismo**, y **tú** cuando se refieren **al apóstol Pablo**, quien está hablando en este pasaje.*
- *Marque con una "I" la palabra **implorar**.*

DISCUTE
- De acuerdo con este pasaje, ¿por qué problema estaba orando Pablo?

- ¿Cuán a menudo oraba el apóstol Pablo por este problema?

- ¿Cómo respondió Dios a la petición de Pablo? ¿Por qué Él respondió de esta manera? Explica tu respuesta.

2 Corintios 12:7-9

[7] Y dada la extraordinaria grandeza de las revelaciones, por esta razón, para impedir que me enalteciera, me fue dada una espina en la carne, un mensajero de Satanás que me abofetee, para que no me enaltezca.

[8] Acerca de esto, tres veces he rogado al Señor para que *lo* quitara de mí.

[9] Y El me ha dicho: "Te basta Mi gracia, pues Mi poder se perfecciona en la debilidad." Por tanto, con muchísimo gusto me gloriaré más bien en mis debilidades, para que el poder de Cristo more en mí.

Santiago 4:1–4

¹ ¿De dónde *vienen* las guerras y los conflictos entre ustedes? ¿No vienen de las pasiones que combaten en sus miembros?

² Ustedes codician y no tienen, *por eso* cometen homicidio. Son envidiosos y no pueden obtener, *por eso* combaten y hacen guerra. No tienen, porque no piden.

³ Piden y no reciben, porque piden con malos propósitos, para gastar*lo* en sus placeres.

⁴ ¡*Oh almas* adúlteras (infieles)! ¿No saben ustedes que la amistad del mundo es enemistad hacia Dios? Por tanto, el que quiere ser amigo del mundo, se constituye enemigo de Dios.

OBSERVA

Santiago, el hermano de Jesús, escribió la carta a la iglesia extendida en la que él señaló varios problemas referente a su comportamiento.

Líder: *Lee en voz alta Santiago 4:1-4. Pide que el grupo…*
- *Encierre en un círculo cada vez que aparecen las palabras **tú** y **tuyo**.*
- *Marque con una **O** la palabra **pedir**.*

DISCUTE

- Describe a las personas que Santiago está corrigiendo. ¿Qué problemas marcaron sus vidas?

- ¿Cuál era la raíz de esos problemas, de acuerdo con este pasaje?

- ¿Por qué estas personas no tuvieron lo que querían o tal vez necesitaban?

- Discute las razones por las que sus oraciones no fueron escuchadas.

OBSERVA
El siguiente versículo está dirigido a los esposos, pero también ilustra la conexión entre nuestro comportamiento y la efectividad de nuestras oraciones.

Líder: Lee en voz alta 1 Pedro 3:7.
- *Pide que el grupo diga en voz alta y encierre las palabras **tú** y **tuyo**.*

DISCUTE
- ¿Qué evitaría que un esposo tenga sus oraciones contestadas?

1 Pedro 3:7

⁷ Ustedes, maridos, igualmente, convivan de manera comprensiva *con sus mujeres,* como con un vaso más frágil, puesto que es mujer, dándole honor por ser heredera como ustedes de la gracia de la vida, para que sus oraciones no sean estorbadas.

- ¿Podría este principio aplicarse a alguien más? Explica tu respuesta.

FINALIZANDO

¿Cómo orar? Esta ha sido la pregunta del hombre por lo menos durante los últimos dos mil años, como sabemos por la petición de los discípulos de Jesús. Esta semana vimos los elementos de la intercesión y petición. Leímos la promesa de Jesús que si nosotros pedimos algo de acuerdo a Su voluntad, lo recibiremos. ¿Te pone nervioso esta afirmación? ¿Lo que sea que pidamos? ¿Has estado temeroso alguna vez de pedir en voz alta, temeroso de poner a Dios en la mira? ¿Te has preocupado de que si Él no lo cumple, Él pudiera parecer malo y sería tu culpa? No te preocupes. Pide.

Jack Arthur, el presidente y cofundador de Ministerios Precepto Internacional, es un hombre que cree que Dios aún responde las oraciones—y vive esa creencia diariamente. Su vida incluye ejemplo tras ejemplo de las oraciones respondidas.

Años atrás, mientras servía con la Liga del Nuevo Testamento de Bolsillo en África, Jack andaba de pueblo en pueblo, mostrando una película que explicaba el evangelio en un dialecto común. Muy dentro en el corazón de Zimbawue, acababa de recibir la autorización del jefe del pueblo para mostrar la película cuando escuchó una tormenta que se acercaba y notó las nubes negras moviéndose rápidamente. No dispuesto a permitir que el clima los detuviera de presentar el evangelio, Jack y otros dos misioneros se arrodillaron junto al camión, y Jack oró, "Señor, detén la lluvia, para Tu gloria." La lluvia se detuvo cerca de dos cuadras del lugar. El pueblo entero escuchó acerca de Jesús, y los resultados fueron sorprendentes. Cuando terminaron de hablar al pueblo y se alejaron, los misioneros pudieron ver exactamente donde la tormenta había sido detenida. Como si una línea hubiera sido dibujada al otro lado del camino, un lado permaneció polvoriento mientras que charcos de lodo se habían acumulado al otro lado.

Jack Arthur aún cree que Dios responde las oraciones, y hemos visto incontables resultados sorprendentes de su vida de oración aquí en Ministerios Precepto Internacional. Aún, cuan sorprendente pudiera parecer, cada uno de nosotros tiene el potencial de tener una vida de oración vibrante. Dios no responde las oraciones de Jack porque a Él le agrada Jack más que nadie más. Dios responde las oraciones de Jack porque Jack ora, porque Jack cree que Dios lo escucha, y porque Jack conoce la voluntad del Padre.

Mientras más creces hacia tu Padre celestial, más íntimamente conocerás Su voluntad, Sus caminos, y Su amor por ti. Dios está esperando pasar más tiempo contigo. Habla con Él.

Líder: *Cierra dando tiempo a tus estudiantes para que oren en silencio. Desafíalos a pedirle a Dios algo que necesitan. Podría ser una necesidad financiera, una sanidad física, ver a un ser querido rebelde volverse a Dios, o tal vez paz en el tiempo de prueba. Luego anímalos a continuar pidiendo cada día de esta semana. La siguiente semana invítalos a compartir lo que ha ocurrido cuando buscaron a Dios y pidieron.*

QUINTA SEMANA

En nuestro estudio de la oración de la semana pasada, vimos el elemento de la petición, incluyendo algunas posibles razones por las que nuestras peticiones no son otorgadas. Mientras Jesús ha prometido que el Padre responderá cuando pedimos algo en Su nombre, no podemos esperar una respuesta cuando nuestras peticiones no se alinean con la voluntad de Dios o si nuestras motivaciones son egoístas. Esta semana mientras cubrimos los dos últimos elementos de El Padre Nuestro – confesión de pecado y rescate—aprenderemos cómo nuestras relaciones con Dios y otros impactan la efectividad de nuestras oraciones.

Algunas de las lecciones de esta semana sonarán familiares, pero vale la pena el repaso para asegurarnos de entender la perspectiva de Dios.

Mateo 6:12, 14-15

¹² 'Y perdónanos nuestras deudas (ofensas, pecados), como también nosotros hemos perdonado a nuestros deudores (los que nos ofenden, nos hacen mal).

¹⁴ "Porque si ustedes perdonan a los hombres sus transgresiones (faltas, delitos), también su Padre celestial les perdonará a ustedes.

OBSERVA

Inmediatamente seguido a Su modelo de oración, Jesús ofreció más enseñanzas sobre el elemento de la confesión en la oración.

Líder: Lee en voz alta Mateo 6:12, 14-15.
  * *Pide que el grupo diga en voz alta y dibuje un cuadro alrededor de cada vez que aparecen las palabras **perdón** y **perdonado**:*

DISCUTE
* Compara los versículos 12 y 14. En este contexto, ¿qué piensas que Jesús quiso decir con la palabra deudas en el versículo 12? Explica tu respuesta.

Quinta Semana | 57

- ¿Cómo el ofender o ser ofendido se compara a las deudas?

- ¿Te has sentido alguna vez como si alguien "te debe" después de haberte lastimado u ofendido? Explica tu respuesta.

- ¿Qué dos acciones estaba Jesús modelando para nosotros en el versículo 12?

- De acuerdo a los versículos 14-15, ¿cuál será el resultado cuando seguimos Su ejemplo?

- Basados en lo que leíste en el versículo 15, discute lo que ocurre cuando rechazamos perdonar a alguien más.

OBSERVA
¿Cuán serio toma Dios nuestras relaciones con otros? Descubrámoslo.

Líder: *Lee en voz alta Mateo 5:23-24. Pide que el grupo...*
  - *Encierre en un círculo las palabras tú y tuyo.*
  - *Subraye con doble línea cada vez que aparece la palabra ofrenda.*

¹⁵ "Pero si no perdonan a los hombres, tampoco su Padre les perdonará a ustedes sus transgresiones (faltas, delitos).

Mateo 5:23-24

²³ "Por tanto, si estás presentando tu ofrenda en el altar, y allí te acuerdas que tu hermano tiene algo contra ti,

²⁴ deja tu ofrenda allí delante del altar, y ve, reconcíliate primero con tu hermano, y entonces ven y presenta tu ofrenda.

Romanos 12:10, 14-19, 21

¹⁰ *Sean* afectuosos unos con otros con amor fraternal; con honra, dándose preferencia unos a otros.

¹⁴ Bendigan a los que los persiguen. Bendigan, y no maldigan.

¹⁵ Gócense con los que se gozan y lloren con los que lloran.

¹⁶ Tengan el mismo sentir (pensar) unos con otros. No sean altivos en su pensar, sino condescendiendo con los humildes. No sean sabios en su propia opinión.

¹⁷ Nunca paguen a nadie mal por mal. Respeten (Consideren) lo bueno delante de todos los hombres.

OBSERVACIÓN

Presentar tu ofrenda en el altar representa la misma idea que adoración para nosotros hoy en día.

DISCUTE

- ¿Qué cualidades para la adoración dio Jesús en este pasaje?

- ¿Qué conexión encuentras en estos versículos entre tu relación con Dios y tu relación con otros?

OBSERVA

La semana pasada aprendimos que como un esposo trata a su esposa, afecta su vida de oración. Pero ¿se aplica el principio a otras relaciones?

Líder: Lee Romanos 12:10, 14-19, 21. Pide que el grupo…
- *Subraye cada frase que se refiere a **las cosas que nosotros como creyentes estamos supuestos a hacer.***
- *Encierre en un círculo cada vez que aparecen las palabras **nunca** y **no**, luego que pongan una línea diagonal a través del círculo, así:*

DISCUTE
- ¿Cuál es el estándar de conducta indicada para los creyentes en este pasaje? ¿Cuáles son las cosas que debemos hacer?

- ¿Qué no debemos hacer?

OBSERVA
Hemos visto que Dios toma seriamente las relaciones con otros, incluyendo nuestro perdón a ellos y nuestro buscar perdón cuando hemos ocasionado una ofensa. Fallar en hacer una o la otra puede afectar negativamente nuestra vida de oración. Ahora veamos qué impacto nuestra relación con Dios tiene en nuestras oraciones.

Líder: Lee en voz alta Isaías 59:1-2 y Salmo 66:18.
- Pide que el grupo diga y marque con una línea a través de las palabras *iniquidades, pecados, y maldad*, así:

[18] Si es posible, en cuanto de ustedes dependa, estén en paz con todos los hombres.

[19] Amados, nunca tomen venganza ustedes mismos, sino den lugar a la ira *de Dios,* porque escrito está: "MIA ES LA VENGANZA, YO PAGARE," dice el Señor.

[21] No seas vencido por el mal, sino vence el mal con el bien.

Isaias 59:1–2

[1] La mano del Señor no se ha acortado para salvar; Ni Su oído se ha endurecido para oír.

² Pero las iniquidades de ustedes han hecho separación entre ustedes y su Dios, Y los pecados le han hecho esconder Su rostro para no escuchar*los*.

Salmo 66:18

18 Si observo iniquidad en mi corazón, El Señor no *me* escuchará.

DISCUTE

- ¿Qué aprendiste al marcar las referencias a iniquidad? ¿Cómo el pecado afecta nuestra relación con Dios?

- ¿Qué efecto tiene el pecado inconfesado sobre nuestras oraciones?

- Considera el estado actual de tu vida de oración. ¿Qué, si acaso hay algo, está estorbando tus oraciones?

Líder: Da al grupo tiempo para reflexionar sobre esta pregunta.

OBSERVA

Así que hemos visto que nuestro pecado hacia Dios, nuestro trato pobre hacia los demás, y nuestra negativa a perdonar a otros evitará que ganemos una audiencia con Dios. Cuando cobijamos pecado en nuestros corazones, Él no escuchará lo que tenemos que decir. Así que ¿cómo podemos resolver este problema?

Líder: Lee en voz alta 1 Juan 1:9. Pide que el grupo diga y...
- Marque con una línea diagonal cada vez que aparece la palabra **pecados**, como antes.
- Dibuje un cuadrado alrededor de la palabra **perdón**.

1 Juan 1:9

⁹ Si confesamos nuestros pecados, El es fiel y justo para perdonarnos los pecados y para limpiarnos de toda maldad (iniquidad).

OBSERVACIÓN

Confesar nuestros pecados significa "decir lo mismo acerca de nuestras violaciones de la ley y voluntad de Dios como Dios dice acerca de ellos." Resumiendo significa admitir que estamos equivocados.

DISCUTE
- Cuando confesamos nuestros pecados a Dios, ¿qué ocurre?

- Si es tan simple, ¿por qué piensas que tantas personas no buscan el perdón de Dios? Explica tu respuesta.

- ¿Has tratado alguna vez de justificar tus acciones incluso cuando en lo profundo sabías que estabas equivocado? ¿Por qué no solo pedirle a Dios que te perdone?

Mateo 6:13

¹³ 'Y no nos metas (no nos dejes caer) en tentación, sino líbranos del mal (del maligno). Porque Tuyo es el reino y el poder y la gloria para siempre. Amén.'

Mateo 26:41

⁴¹ "Velen y oren para que no entren en tentación; el espíritu está dispuesto, pero la carne es débil."

OBSERVA
Hemos visto cuán crucial es el elemento de la confesión para quienes quieren orar efectivamente. Ahora veamos nuevamente el último versículo en el modelo de Jesús ahora que volvemos nuestra atención al elemento final: petición de liberación.

Líder: Lee en voz alta Mateo 6:13.
- *Pide que el grupo diga en voz alta y marque la palabra **librar** con una flecha, como esta:* ↑

DISCUTE
- ¿Qué estaba Jesús pidiendo en este versículo?

- ¿Qué nos enseña este pasaje acerca de la realidad del mal?

- ¿Qué podemos hacer para buscar protección del mal y la liberación de la tentación?

OBSERVA
Líder: Lee Mateo 26:41 y 1 Corintios 10:13.
- *Pide que el grupo dibuje una línea ondulada debajo de cada vez que aparecen las palabras **tentación** y **tentado**:* 〰️

Quinta Semana

DISCUTE
- ¿Qué aprendiste de marcar las referencias a tentación?

- Discute cómo esta información debería afectar tu vida de oración.

- ¿Qué observación te dan estos versículos sobre cómo podrías orar por otros?

OBSERVA
Juan 17 contiene la oración que Jesús hizo por nosotros como Sus discípulos. La manera en que Jesús intercede por nosotros debería servir como un ejemplo para nuestra propia vida de oración.

Líder: Lee Juan 17:14-19 en voz alta. Pide que el grupo...
- *Diga y marque con una cruz* ☨ *los pronombres **Yo**, **mí** y **yo mismo**, que se refieren a **Jesús**.*
- *Encierre en un círculo las palabras **ellos**.*

1 Corintios 10:13

¹³ No les ha sobrevenido ninguna tentación que no sea común a los hombres. Fiel es Dios, que no permitirá que ustedes sean tentados más allá de lo que pueden *soportar*, sino que con la tentación proveerá también la vía de escape, a fin de que puedan resistir*la*.

Juan 17:14-19

¹⁴ "Yo les he dado Tu palabra y el mundo los ha odiado, porque no son del mundo, como tampoco Yo soy del mundo.

¹⁵ "No Te ruego que los saques del mundo, sino que los guardes del (poder del) maligno (del mal).

¹⁶ "Ellos no son del mundo, como tampoco Yo soy del mundo.

¹⁷ "Santifícalos en la verdad; Tu palabra es verdad.

¹⁸ "Como Tú Me enviaste al mundo, Yo también los he enviado al mundo.

¹⁹ "Y por ellos Yo Me santifico, para que ellos también sean santificados en la verdad.

DISCUTE

• Esta oración ocurrió al final de la vida de Jesús, justo antes de Su arresto y crucifixión. ¿Qué podría indicar el tiempo de esta oración acerca de su importancia?

• ¿Cómo Jesús, en Sus últimas horas, intercede por nosotros?

• ¿Qué lineamientos ves aquí que afectarían nuestras oraciones por nosotros mismos? ¿Nuestras oraciones por otros?

• Discute lo que este pasaje indica acerca de la guerra en la vida de un cristiano. ¿Es real? ¿Cuál era la perspectiva de Jesús y su respuesta?

Quinta Semana | 65

FINALIZANDO

Así que hemos visto esta semana en nuestro estudio de la confesión que Dios toma el tema del perdón seriamente - ¡muy seriamente! Venimos a nuestro Padre para suplicar, para orar, para clamar en base a Su perdón extendido a nosotros a través de Jesús. Él quiere que nosotros extendamos el mismo perdón a otros.

Algunas veces podrías estar tentado a decir, "¡pero tú no sabes lo que ellos me hicieron! ¡Tú no sabes cuánto me han herido!" ¿No estás contento que Dios no dice eso cuando vamos a Él? Qué terror causaría ello si de repente escuchamos desde los cielos, "No hay perdón hoy. No tengo nada que ver contigo. No tienes idea cuánto Me has herido."

Más bien, Él nos ama y nos perdona – y espera que nosotros tratemos a otros con la misma compasión.

Si tu vida de oración es monótona, aburrida, o solo muerta, invita a Dios a examinar tu corazón y revelar cualquier área de falta de perdón.[1] En nuestra experiencia, el Espíritu Santo será rápido para mostrarte si lo pides. Si hay alguien en tu vida a quien no has perdonado, entonces sigue los siguientes pasos:

1. Pide a Dios que te perdone por no haberlos perdonado aún.
2. En oración, dile a Dios que los perdonas – y dilo de corazón.
3. Pídele a Dios que cambie tu corazón hacia quien te ha lastimado.
4. Ora por esa persona hasta que Dios quite la carga.

Adicional a la confesión, vimos el elemento de la liberación en nuestras oraciones. En la sociedad actual, el concepto de pedir a Dios por ser librados del mal, podría parecer un poco extraño, incluso excéntrico. Aún en muchos círculos cristianos, "¡Señor, líbranos del mal!" es rara vez usado en la oración. Sin embargo, como has visto, esto es exactamente lo que Jesús oró por nosotros: "guárdales del maligno." (Juan 17:15).

[1] Si tú o alguien en tu clase está luchando con este tema, recomendamos el estudio de 40 minutos *Perdón: Rompiendo el Poder del Pasado.*

Amigo, el enemigo es real. El enemigo de tu alma, Satanás, te odia y tiene un terrible plan para tu vida. Él es real y él es poderoso. Nuestra protección viene de conocer y clamar al verdadero Dios, el creador de los cielos y la tierra. Jesús entendió esto, y eso es por qué Él nos enseñó a orar por protección.

¿Estás orando al Señor de los ejércitos, el comandante del ejército de los cielos, y pidiéndole a Él que te libre del mal? ¿Tu vida de oración incluye intercesión por tu cónyuge, tus hijos, tus padres, tus amigos, el liderazgo de tu iglesia—especialmente tu pastor? Te urgimos a hacer la petición de liberación como una parte habitual de tu oración: "Señor, guárdalos del maligno; protégelos del enemigo."

Líder: Guía a tu clase en un tiempo de oración o dales tiempo para orar en silencio. Después pregunta si alguien quiere compartir con el grupo algo que Dios les haya mostrado durante la sesión de esta semana.

SEXTA SEMANA

En las pasadas pocas semanas hemos visto que la oración puede ser descrita como acercarse a Dios, y hemos usado El Padre Nuestro como nuestra guía para los elementos clave de la oración. Esta semana vamos a considerar solo unos pocos de los incontables pasajes en la Palabra de Dios que da mayor conocimiento en orar de acuerdo con la voluntad de Dios y en maneras que nos acercan más a Su corazón.

Líder: Si el tiempo lo permite, discute cómo cada uno de estos ejemplos ya sea que sigue el modelo del Padre Nuestro o añade una nueva dimensión a nuestro entendimiento de la oración.

OBSERVACIÓN
Líder: Lee en voz alta 2 Corintios 1:20.
- *Pide que el grupo diga en voz alta y dibuje una nube como esta alrededor de la palabra promesas.*

DISCUTE
- ¿Qué aprendiste acerca de las promesas de Dios en este versículo?

- ¿Cómo respondería Dios a las promesas que Él ha hecho?

- ¿Sería efectivo orar o incluso suplicar por las promesas de Dios? ¿Por qué?

2 Corintios 1:20
[20] Pues tantas como sean las promesas de Dios, en El *todas* son sí. Por eso también por medio de El, *es nuestro* Amén (así sea), para la gloria de Dios por medio de nosotros.

Exodo 32:9-14

⁹ El Señor dijo además a Moisés: "He visto a este pueblo, y ciertamente es un pueblo terco.

¹⁰ "Ahora pues, déjame, para que se encienda Mi ira contra ellos y los consuma. Pero de ti Yo haré una gran nación."

¹¹ Entonces Moisés suplicó ante el Señor su Dios, y dijo: "Oh Señor, ¿por qué se enciende Tu ira contra Tu pueblo, que Tú has sacado de la tierra de Egipto con gran poder y con mano fuerte?

¹² "¿Por qué han de hablar los Egipcios, diciendo: 'Con malas *intenciones*

OBSERVA

Mientras consideramos el rol de las promesas de Dios en nuestra vida de oración, veamos juntos una conversación entre Moisés y Dios. Esta interacción tuvo lugar poco después que los israelitas dejaran Egipto. A pesar de haber visto los milagros de Dios y haber experimentado Su misericordia, ellos repetidamente pecaron contra Dios y lo probaron en casi cada giro.

Líder: Lee Éxodo 32:9-14 en voz alta. Pide que el grupo…
- *Ponga una **O** sobre la palabra **suplicó**.*
- *Dibuja una nube alrededor de la palabra **juró**.*

Líder: Lee Éxodo 32:9-14 nuevamente.
- *Esta vez subraya cada **petición** que Moisés hizo a Dios.*

DISCUTE

- ¿Qué le dijo Dios a Moisés que había pretendido hacer con los israelitas que Él sacaría de Egipto, y por qué?

- ¿Qué ofreció hacer Dios por Moisés en el versículo 10?

Sexta Semana | 69

- ¿Cómo hubieras respondido a Dios?

- Describe la respuesta de Moisés. ¿Sobre qué basó él su petición?

- En el versículo 12, ¿qué preocupación levantó Moisés?

- ¿Acerca de qué le recordó Moisés a Dios en el versículo 13?

- ¿Tuvo éxito la súplica de Moisés?

los ha sacado, para matarlos en los montes y para exterminarlos de la superficie de la tierra'? Vuélvete del ardor de Tu ira, y desiste de *hacer* daño a Tu pueblo.

¹³ "Acuérdate de Abraham, de Isaac y de Israel, Tus siervos, a quienes juraste por Ti mismo, y les dijiste: 'Yo multiplicaré la descendencia de ustedes como las estrellas del cielo, y toda esta tierra de la cual he hablado, daré a sus descendientes, y ellos *la* heredarán para siempre.'"

¹⁴ Y el SEÑOR desistió de *hacer* el daño que había dicho que haría a Su pueblo.

Génesis 18:22-33

²² Entonces los hombres se apartaron de allí y fueron hacia Sodoma, mientras Abraham estaba todavía de pie delante del Señor.

²³ Y Abraham se acercó al Señor y dijo: "¿En verdad destruirás al justo junto con el impío?

²⁴ "Tal vez haya cincuenta justos dentro de la ciudad. ¿En verdad la destruirás y no perdonarás el lugar por amor a los cincuenta justos que hay en ella?

²⁵ "Lejos de Ti hacer tal cosa: matar al justo con el impío, de modo que el justo y el impío sean *tratados* de la misma manera.

OBSERVA

Moisés, como hemos visto, intercedió en oración a favor de su pueblo, haciendo sus peticiones en base al carácter de Dios y sus promesas. Veamos otro ejemplo de intercesión. Observa cómo Abraham suplica a Dios a favor de los ciudadanos de Sodoma y Gomorra, entre quienes vivía el sobrino de Abraham, Lot, y su familia.

Líder: Lee Génesis 18:22-33 en voz alta. Pide que el grupo haga lo siguiente:
- *Marque cada referencia al **Señor**, incluyendo los pronombres y sinónimos, con un triángulo:*
- *Dibuje un cuadrado alrededor de cada vez que aparece la frase **harás Tú**.*
- *Dibuje un cuadrado alrededor de cada vez que aparece la frase **Yo no**, luego marca una línea diagonal sobre ella, así:*

DISCUTE

- ¿Qué principios aprendiste de la intercesión de Abraham?

Sexta Semana | 71

- De acuerdo con el versículo 25, ¿cuál fue la base para la intercesión de Abraham, y qué revela esto acerca de su relación con Dios?

¡Lejos de Ti! El Juez de toda la tierra, ¿no hará justicia?"

^{26} Entonces el Señor le respondió: "Si hallo en Sodoma cincuenta justos dentro de la ciudad, perdonaré a todo el lugar por consideración a ellos."

^{27} Y Abraham respondió: "Ahora que me he atrevido a hablar al Señor, yo que soy polvo y ceniza.

- ¿Qué aprendiste de la conversación de Abraham con Dios que puedas aplicar a tu propia vida de oración?

^{28} "Tal vez falten cinco para los cincuenta justos. ¿Destruirás por los cinco a toda la ciudad?" Y el Señor respondió: "No *la* destruiré si hallo allí cuarenta y cinco."

^{29} *Abraham* le habló de nuevo:

"Tal vez se hallen allí cuarenta." Y El respondió: "No *lo* haré, por consideración a los cuarenta."

³⁰ Entonces *Abraham* dijo: "No se enoje ahora el Señor, y hablaré. Tal vez se hallen allí treinta." "No *lo* haré si hallo allí treinta," respondió el Señor.

³¹ Y Abraham dijo: "Ahora me he atrevido a hablar al Señor. Tal vez se hallen allí veinte." Y El respondió: "No *la* destruiré por consideración a los veinte."

³² Entonces Abraham dijo: "No se enoje ahora el Señor, y hablaré sólo esta vez. Tal vez se hallen allí diez." "No *la* destruiré por

OBSERVA

Veamos lo que podemos aprender acerca de la oración efectiva de otro héroe del Antiguo Testamento, Nehemías. Veremos cómo él buscó la ayuda de Dios mientras se preparaba para acercarse al rey de Persia a pedirle permiso de reconstruir los muros de Jerusalén.

Líder: Lee Nehemías 1:5-11 en voz alta. Pide que el grupo haga lo siguiente:
- *Marque cada referencia a **Dios**, incluyendo los pronombres y sinónimos, con un triángulo, como antes.*
- *Ponga una **O** sobre cada referencia a **oración**, incluyendo los sinónimos como **suplicar**.*
- *Dibuja un nube alrededor de la palabra **recordar**.*

DISCUTE
- ¿Sobre qué cualidades de carácter de Dios clamó Nehemías en su oración?

- ¿Qué promesas clamó Nehemías a Dios que recordara y cumpliera?

consideración a los diez," respondió el SEÑOR.

³³ Tan pronto como acabó de hablar con Abraham, el SEÑOR se fue, y Abraham volvió a su lugar.

Nehemías 1:5-11

⁵ Y dije: "Te ruego, oh SEÑOR, Dios del cielo, el grande y temible Dios, que guarda el pacto y la misericordia para con aquéllos que Lo aman y guardan Sus mandamientos,

- ¿Qué principios u observaciones encontraste en este pasaje que puedas aplicar a tu propia vida de oración?

⁶ que estén atentos Tus oídos y abiertos Tus ojos para oír la oración de Tu siervo, que yo hago ahora delante de Ti día y noche por los Israelitas Tus siervos, confesando los pecados que los

Israelitas hemos cometido contra Ti; sí, yo y la casa de mi padre hemos pecado.

⁷ "Hemos procedido perversamente contra Ti y no hemos guardado los mandamientos, ni los estatutos, ni las ordenanzas que mandaste a Tu siervo Moisés.

⁸ "Acuérdate ahora de la palabra que ordenaste a Tu siervo Moisés: *'Si ustedes son infieles, Yo los dispersaré entre los pueblos;*

⁹ *pero si se vuelven a Mí y guardan Mis mandamientos y los cumplen, aunque sus desterrados estén en los confines de los cielos, de allí los recogeré y los traeré al lugar que he escogido para

OBSERVA

Consideremos un ejemplo más sobre la oración en el Antiguo Testamento. En el siguiente pasaje, escucha cómo Daniel ruega a Dios para que concluya Su juicio sobre el pueblo de Jerusalén por su infidelidad.

Líder: Lee en voz alta Daniel 9:4-6, 15-19. Pide que el grupo marque…
- *Cada referencia al **Señor**, incluyendo los pronombres y sinónimos, con un triángulo.*
- *Cada referencia a **oración**, incluyendo los sinónimos como **súplica**, con una O.*

DISCUTE
- ¿Qué cualidades del carácter de Dios señaló Daniel en esta oración?

Sexta Semana | 75

- ¿Qué promesas clamó Daniel a Dios que recordara y cumpliera?

- De acuerdo con el versículo 18, ¿sobre qué base Daniel hizo su petición?

hacer morar Mi nombre allí.'

[10] "Ellos son Tus siervos y Tu pueblo, los que Tú redimiste con Tu gran poder y con Tu mano poderosa.

[11] "Te ruego, oh Señor, que Tu oído esté atento ahora a la oración de Tu siervo y a la oración de Tus siervos que se deleitan en reverenciar Tu nombre. Haz prosperar hoy a Tu siervo, y concédele favor delante de este hombre." Era yo entonces copero del rey.

Daniel 9:4-6, 15-19

[4] Oré al Señor mi Dios e hice confesión y dije: "Ay, Señor, el Dios grande y temible, que guarda el pacto y la misericordia para los que Lo

aman y guardan Sus mandamientos,

- ¿Qué aprendiste de este pasaje que puedas aplicar a tu propia vida de oración?

⁵ hemos pecado, hemos cometido iniquidad, hemos hecho lo malo, nos hemos rebelado y nos hemos apartado de Tus mandamientos y de Tus ordenanzas.

⁶ "No hemos escuchado a Tus siervos los profetas que hablaron en Tu nombre a nuestros reyes, a nuestros príncipes, a nuestros padres y a todo el pueblo de la tierra.

¹⁵ Y ahora, Señor Dios nuestro, que sacaste a Tu pueblo de la tierra de Egipto con mano poderosa, y Te has hecho un nombre, como hoy *se ve*, hemos pecado, hemos sido malos.

OBSERVA

Los pasajes que acabamos de examinar nos muestran las atrevidas oraciones de los hombres que conocían las promesas y el carácter de Dios. Recuerda, ya hemos visto que habitar en la Palabra nos da un entendimiento de la voluntad de Dios. Estos hombres habitaban con Dios y en la Palabra de Dios hasta que ellos supieron el carácter de Dios, las promesas de Dios, y por lo tanto la voluntad de Dios. ¿Te diste cuenta que ellos oraron no solo por sí mismos sino también intercedieron ante Dios a favor de quienes estaban a su alrededor? Encontramos preocupaciones similares reflejadas en las palabras del apóstol Pablo.

Sexta Semana | 77

Líder: *Lee en voz alta Efesios 1:15-19. Pide que el grupo…*
- *Encierre en un círculo cada vez que aparecen las palabras **tú** y **tuyo**.*
- *Marque con una **O** las palabras **oración** y **orar**.*

DISCUTE
- Específicamente, línea por línea, ¿qué oró Pablo por esas personas?

16 "Oh Señor, conforme a todos Tus actos de justicia, apártese ahora Tu ira y Tu furor de Tu ciudad, Jerusalén, Tu santo monte. Porque a causa de nuestros pecados y de las iniquidades de nuestros padres, Jerusalén y Tu pueblo son el oprobio de todos los que nos rodean.

17 "Y ahora, Dios nuestro, escucha la oración de Tu siervo y sus súplicas, y haz resplandecer Tu rostro sobre Tu santuario desolado, por amor de Ti mismo, oh Señor.

18 "Inclina Tu oído, Dios mío, y escucha. Abre Tus ojos y mira nuestras desolaciones y la ciudad sobre la cual se invoca Tu

nombre. Pues no es por nuestros propios méritos que presentamos nuestras súplicas delante de Ti, sino por Tu gran compasión.

¹⁹ "¡Oh Señor, escucha! ¡Señor, perdona! ¡Señor, atiende y actúa! ¡No tardes, por amor de Ti mismo, Dios mío! Porque Tu nombre se invoca sobre Tu ciudad y sobre Tu pueblo."

- ¿Qué indicaciones encuentras de que ésta oración está dentro de la voluntad de Dios?

- ¿Cómo serviría esta oración como modelo de oración por otros? ¿por nosotros mismos?

Efesios 1:15-19

¹⁵ Por esta razón también yo, habiendo oído de la fe en el Señor Jesús que *hay* entre ustedes, y *de* su amor por todos los santos,

¹⁶ no ceso de dar gracias por ustedes, mencionándolos en mis oraciones,

OBSERVA

Líder: Lee en voz alta Efesios 3:14-21. Pide que el grupo…
- Marque con una **O** la frase **doblo mis rodillas**.
- Encierre en un círculo cada vez que aparecen las palabras **tú** y **tuyo**.
- Marque con un triángulo cada referencia a **Dios**, incluyendo los sinónimos como **el Padre** y los pronombres como **quien, Él, Su**.

DISCUTE
- Específicamente, línea por línea, ¿qué oró Pablo por estas personas?

[17] *pido* que el Dios de nuestro Señor Jesucristo, el Padre de gloria, les dé espíritu de sabiduría y de revelación en un mejor (verdadero) conocimiento de El.

[18] *Mi oración es que* los ojos de su corazón les sean iluminados, para que sepan cuál es la esperanza de Su llamamiento, cuáles son las riquezas de la gloria de Su herencia en los santos,

[19] y cuál es la extraordinaria grandeza de Su poder para con nosotros los que creemos, conforme a la eficacia (la energía) de la fuerza de Su poder.

Efesios 3:14-21

¹⁴ Por esta causa, *pues,* doblo mis rodillas ante el Padre de nuestro Señor Jesucristo,

¹⁵ de quien recibe nombre toda familia en el cielo y en la tierra.

¹⁶ Le ruego que El les conceda a ustedes, conforme a las riquezas de Su gloria, el ser fortalecidos con poder por Su Espíritu en el hombre interior;

¹⁷ de manera que Cristo habite por la fe en sus corazones. *También ruego* que arraigados y cimentados en amor,

¹⁸ ustedes sean capaces de comprender con todos los santos cuál es la anchura, la

- ¿Qué indicaciones encuentras de que ésta oración está dentro de la voluntad de Dios?

- ¿Cómo podría esta oración servir como nuestro modelo de oración por otros? ¿por nosotros mismos?

OBSERVA

Como nuestro estudio llega a su fin, vamos a examinar rápidamente un pasaje más que provee de un modelo para nuestra vida de oración personal.

Líder: Lee en voz alta Colosenses 1:9-12. Pide que el grupo…
- *Marque la palabra **orar** con una **O**.*
- *Encierre en un círculo cada vez que aparezca la palabra **tú**.*

DISCUTE

- Específicamente, línea por línea, ¿qué oró Pablo por estas personas?

longitud, la altura y la profundidad,

[19] y de conocer el amor de Cristo que sobrepasa el conocimiento, para que sean llenos hasta *la medida de toda la plenitud de Dios.*

[20] Y a Aquél que es poderoso para hacer todo mucho más abundantemente de lo que pedimos o entendemos, según el poder que obra en nosotros,

[21] a El *sea* la gloria en la iglesia y en Cristo Jesús por todas las generaciones, por los siglos de los siglos. Amén.

Colosenses 1:9–12

[9] Por esta razón, también nosotros, desde el día que *lo* supimos (*lo* oímos), no hemos

cesado de orar por ustedes, pidiendo que sean llenos del conocimiento de Su voluntad en toda sabiduría y comprensión espiritual,

¹⁰ para que anden como es digno del Señor, haciendo en todo, lo que *Le* agrada, dando fruto en toda buena obra y creciendo en el conocimiento de Dios.

¹¹ Rogamos que ustedes sean fortalecidos con todo poder según la potencia de Su gloria, para obtener toda perseverancia y paciencia, con gozo

¹² dando gracias al Padre que nos ha capacitado para compartir la herencia de los santos en la Luz.

- ¿Qué indicaciones encuentras de que esta oración está dentro de la voluntad de Dios?

- ¿Cómo podría esta oración servir como nuestro modelo de oración por otros? ¿por nosotros mismos?

FINALIZANDO

Hemos examinado la oración desde muchos ángulos para responder las preguntas sobre qué es la oración y cómo debemos orar si queremos que verdaderamente Dios nos escuche. Solo queda una pregunta ¿Tú oras?

La oración es la actividad más normal de un hijo de Dios. Sin importar la denominación o afiliación a una iglesia, tenemos esto en común—aun así pocos de nosotros han hecho verdaderamente de la oración una prioridad. ¿Tú oras?

Por medio de la oración enfermos han sido sanados, incrédulos se han convertido. Al orar los heridos son confortados, los deprimidos son animados, las mentes confundidas son esclarecidas. ¿Tú oras?

Algunas veces nos preguntamos hacia dónde van nuestras vidas. Algunas veces deseamos que las cosas fueran diferentes. En lugar de preguntarnos y desear, ¿por qué no oramos?

Dios se mueve cuando pedimos, pero parece ser que Él a menudo escoge no moverse hasta que pidamos. Cualquier decisión que estés enfrentando, cualquiera que sea la carga en tu corazón, todo lo que tienes que hacer es acercarte a Dios, clamar a Él. ¿Orarás?

En las siguientes páginas encontrarás oraciones tomadas de las Escrituras y formateadas para hacerlas fácil de usar al orar por ti mismo e interceder por otros. Por favor úsalas. Dios te invita a acercarte. ¿Orarás?

El Señor *te bendiga y te guarde;*
El Señor *haga resplandecer Su rostro sobre ti, Y tenga de ti misericordia;*
El Señor *alce sobre ti Su rostro, Y te dé paz.'*

ORACIONES DE LA BIBLIA

Efesios 1:17-19
Padre, pido que des a _____ espíritu de sabiduría y de revelación en un mejor (verdadero) conocimiento de Él. Mi oración es que los ojos de su corazón les sean iluminados, para que sepan cuál es la esperanza de Su llamamiento, cuáles son las riquezas de la gloria de Su herencia en los santos, y cuál es la extraordinaria grandeza de Su poder para con nosotros los que creemos, conforme a la eficacia (la energía) de la fuerza de Su poder.

Efesios 3:16-19
Padre, estoy pidiendo que conforme a las riquezas de Su gloria, _____ sean fortalecidos con poder por Su Espíritu en el hombre interior; de manera que Cristo habite por la fe en los corazones de _____. También ruego que arraigados y cimentados en amor, que _____ sean capaces de comprender con todos los santos cuál es la anchura, la longitud, la altura y la profundidad, y de conocer el amor de Cristo que sobrepasa el conocimiento, para que sean llenos hasta la medida de toda la plenitud de Dios.

Colosenses 1:9-12
Padre, pido que _____ sean llenos del conocimiento de Su voluntad en toda sabiduría y comprensión espiritual, para que anden como es digno del Señor, haciendo en todo, lo que Le agrada, dando fruto en toda buena obra y creciendo en el conocimiento de Dios. Rogamos que _____ sean fortalecidos con todo poder según la potencia de Su gloria, para obtener toda perseverancia y paciencia, con gozo dando gracias al Padre que nos ha capacitado para compartir la herencia de los santos en la Luz.

Filipenses 1:9-11
Y esto pido en oración: que el amor de _____ abunde aún más y más en conocimiento verdadero y en todo discernimiento, a fin de que escojan (aprueben) lo mejor, para que sean puros e irreprensibles para el día de Cristo; llenos del fruto de justicia que es por medio de Jesucristo, para la gloria y alabanza de Dios.

2 Tesalonicenses 1:11-12
Con este fin también yo oro siempre por _____, para que nuestro Dios considere a _____ dignos de su llamamiento y cumpla todo deseo de bondad y la obra de fe con poder, a fin de que el nombre de nuestro Señor Jesús sea glorificado en _____, y _____ en El, conforme a la gracia de nuestro Dios y del Señor Jesucristo.

2 Tesalonicenses 2:16-17
Y que nuestro Señor Jesucristo mismo, y Dios nuestro Padre, que nos amó y nos dio consuelo eterno y buena esperanza por gracia, consuele los corazones de _____ y los afirme en toda obra y palabra buena.

2 Tesalonicenses 3:1-2
Finalmente, Padre, oro para que la palabra del Señor se extienda rápidamente y sea glorificada, así como sucedió también con la iglesia primitiva; y para que seamos librados de hombres perversos y malos, porque no todos tienen fe.

ESTUDIOS BÍBLICOS INDUCTIVOS DE 40 MINUTOS

Esta singular serie de estudios bíblicos del equipo de enseñanza de Ministerios Precepto Internacional, aborda temas con los que luchan las mentes investigadoras; y lo hace en breves lecciones muy fáciles de entender e ideales para reuniones de grupos pequeños. Estos cursos de estudio bíblico, de la serie 40 minutos, pueden realizarse siguiendo cualquier orden. Sin embargo, a continuación te mostramos una posible secuencia a seguir:

¿Cómo Sabes que Dios es Tu Padre?

Muchos dicen: "Soy cristiano"; pero, ¿cómo pueden saber si Dios realmente es su Padre—y si el cielo será su futuro hogar? La epístola de 1 Juan fue escrita con este propósito—que tú puedas saber si realmente tienes la vida eterna. Éste es un esclarecedor estudio que te sacará de la oscuridad y abrirá tu entendimiento hacia esta importante verdad bíblica.

Cómo Tener una Relación Genuina con Dios

A quienes tengan el deseo de conocer a Dios y relacionarse con Él de forma significativa, Ministerios Precepto abre la Biblia para mostrarles el camino a la salvación. Por medio de un profundo análisis de ciertos pasajes bíblicos cruciales, este esclarecedor estudio se enfoca en dónde nos encontramos con respecto a Dios, cómo es que el pecado evita que lo conozcamos y cómo Cristo puso un puente sobre aquel abismo que existe entre los hombres y su Señor.

Ser un Discípulo: Considerando Su Verdadero Costo

Jesús llamó a Sus seguidores a ser discípulos. Pero el discipulado viene con un costo y un compromiso incluido. Este estudio da una mirada inductiva a cómo la Biblia describe al discípulo, establece las características de un seguidor de Cristo e invita a los estudiantes a aceptar Su desafío, para luego disfrutar de las eternas bendiciones del discipulado.

¿Vives lo que Dices?

Este estudio inductivo de Efesios 4 y 5, está diseñado para ayudar a los estudiantes a que vean, por sí mismos, lo que Dios dice respecto al estilo de vida de un verdadero creyente en Cristo. Este estudio los capacitará para vivir de una manera digna de su llamamiento; con la meta final de desarrollar un andar diario con Dios, caracterizado por la madurez, la semejanza a Cristo y la paz.

Viviendo Una Vida de Verdadera Adoración

La adoración es uno de los temas del cristianismo peor entendidos; y este estudio explora lo que la Biblia dice acerca de la adoración: ¿qué es? ¿Cuándo sucede? ¿Dónde ocurre? ¿Se basa en las emociones? ¿Se limita solamente a los domingos en la iglesia? ¿Impacta la forma en que sirves al SEÑOR? Para éstas, y más preguntas, este estudio nos ofrece respuestas bíblicas novedosas.

Descubriendo lo que Nos Espera en el Futuro

Con todo lo que está ocurriendo en el mundo, las personas no pueden evitar cuestionarse respecto a lo que nos espera en el futuro. ¿Habrá paz alguna vez en la tierra? ¿Cuánto tiempo vivirá el mundo bajo la amenaza del terrorismo? ¿Hay un horizonte con un solo gobernante mundial? Esta fácil guía de estudio conduce a los lectores a través del importante libro de Daniel; libro en el que se establece el plan de Dios para el futuro.

Cómo Tomar Decisiones Que No Lamentarás

Cada día nos enfrentamos a innumerables decisiones; y algunas de ellas pueden cambiar el curso de nuestras vidas para siempre. Entonces, ¿a dónde acudes en busca de dirección? ¿Qué debemos hacer cuando nos enfrentamos a una tentación? Este breve estudio te brindará una práctica y valiosa guía, al explorar el papel que tiene la Escritura y el Espíritu Santo en nuestra toma de decisiones.

Dinero y Posesiones: La Búsqueda del Contentamiento

Nuestra actitud hacia el dinero y las posesiones reflejará la calidad de nuestra relación con Dios. Y, de acuerdo con las Escrituras, nuestra visión del dinero nos muestra dónde está descansando nuestro verdadero amor. En este estudio, los lectores escudriñarán las Escrituras para aprender de dónde proviene el dinero, cómo se supone que debemos manejarlo y cómo vivir una vida abundante, sin importar su actual situación financiera.

Cómo puede un Hombre Controlar Sus Pensamientos, Deseos y Pasiones

Este estudio capacita a los hombres con la poderosa verdad de que Dios ha provisto todo lo necesario para resistir la tentación; y lo hace, a través de ejemplos de hombres en las Escrituras, algunos de los cuales cayeron en pecado y otros que se mantuvieron firmes. Aprende cómo escoger el camino de pureza, para tener la plena confianza de que, a través del poder del Espíritu Santo y la Palabra de Dios, podrás estar algún día puro e irreprensible delante de Dios.

Viviendo Victoriosamente en Tiempos de Dificultad

Vivimos en un mundo decadente poblado por gente sin rumbo, y no podemos escaparnos de la adversidad y el dolor. Sin embargo, y por alguna razón, los difíciles tiempos que se viven actualmente son parte del plan de Dios y sirven para Sus propósitos. Este valioso estudio ayuda a los lectores a descubrir cómo glorificar a Dios en medio del dolor; al tiempo que aprenden cómo encontrar gozo aun cuando la vida parezca injusta, y a conocer la paz que viene al confiar en el Único que puede brindar la fuerza necesaria en medio de nuestra debilidad.

Edificando un Matrimonio que en Verdad Funcione

Dios diseñó el matrimonio para que fuera una relación satisfactoria y realizadora; creando a hombres y mujeres para que ellos—juntos y como una sola carne—pudieran reflejar Su amor por el mundo. El matrimonio, cuando es vivido como Dios lo planeó, nos completa, nos trae gozo y da a nuestras vidas un fresco significado. En este estudio, los lectores examinarán el diseño de Dios para el matrimonio y aprenderán cómo establecer y mantener el tipo de matrimonio que trae gozo duradero.

El Perdón: Rompiendo el Poder del Pasado

El perdón puede ser un concepto abrumador, sobre todo para quienes llevan consigo profundas heridas provocadas por difíciles situaciones de su pasado. En este estudio innovador, obtendrás esclarecedores conceptos del perdón de Dios para contigo, aprenderás cómo responder a aquellos que te han tratado injustamente, y descubrirás cómo la decisión de perdonar rompe las cadenas del doloroso pasado y te impulsa hacia un gozoso futuro.

Elementos Básicos de la Oración Efectiva

Esta perspectiva general de la oración te guiará a una vida de oración con más fervor a medida que aprendes lo que Dios espera de tus oraciones y qué puedes esperar de Él. Un detallado examen del Padre Nuestro, y de algunos importantes principios obtenidos de ejemplos de oraciones a través de la Biblia, te desafiarán a un mayor entendimiento de la voluntad de Dios, Sus caminos y Su amor por ti mientras experimentas lo que significa verdaderamente el acercarse a Dios en oración.

Cómo se Hace un Líder al Estilo de Dios

¿Qué espera Dios de quienes Él coloca en lugares de autoridad? ¿Qué características marcan al verdadero líder efectivo? ¿Cómo puedes ser el líder que Dios te ha llamado a ser? Encontrarás las respuestas a éstas, y otras preguntas, en este poderoso estudio de cuatro importantes líderes de Israel—Elí, Samuel, Saúl y David—cuyas vidas señalan principios que necesitamos conocer como líderes en nuestros hogares, en nuestras comunidades, en nuestras iglesias y finalmente en nuestro mundo.

¿Qué Dice La Biblia Acerca Del Sexo?

Nuestra cultura está saturada de sexo, pero muy pocos tienen una idea clara de lo que Dios dice acerca de este tema. En contraste a la creencia popular, Dios no se opone al sexo; únicamente, a su mal uso. Al aprender acerca de las barreras o límites que Él ha diseñado para proteger este regalo, te capacitarás para enfrentar las mentiras del mundo y aprender que Dios quiere lo mejor para ti.

Principios Clave para el Ayuno Bíblico

La disciplina espiritual del ayuno se remonta a la antigüedad. Sin embargo, el propósito y naturaleza de esta práctica a menudo es malentendida. Este vigorizante estudio explica por qué el ayuno es importante en la vida del creyente promedio, resalta principios bíblicos para el ayuno efectivo, y muestra cómo esta poderosa disciplina lleva a una conexión más profunda con Dios.

Acerca De Ministerios Precepto Internacional

Ministerios Precepto Internacional fue levantado por Dios para el solo propósito de establecer a las personas en la Palabra de Dios para producir reverencia a Él. Sirve como un brazo de la iglesia sin ser parte de una denominación. Dios ha permitido a Precepto alcanzar más allá de las líneas denominacionales sin comprometer las verdades de Su Palabra inerrante. Nosotros creemos que cada palabra de la Biblia fue inspirada y dada al hombre como todo lo que necesita para alcanzar la madurez y estar completamente equipado para toda buena obra de la vida. Este ministerio no busca imponer sus doctrinas en los demás, sino dirigir a las personas al Maestro mismo, Quien guía y lidera mediante Su Espíritu a la verdad a través de un estudio sistemático de Su Palabra. El ministerio produce una variedad de estudios bíblicos e imparte conferencias y Talleres Intensivos de entrenamiento diseñados para establecer a los asistentes en la Palabra a través del Estudio Bíblico Inductivo.

Jack Arthur y su esposa, Kay, fundaron Ministerios Precepto en 1970. Kay y el equipo de escritores del ministerio producen estudios **Precepto sobre Precepto,** Estudios **In & Out**, estudios de la **serie Señor**, estudios de la **Nueva serie de Estudio Inductivo**, estudios **40 Minutos** y **Estudio Inductivo de la Biblia Descubre por ti mismo para niños.** A partir de años de estudio diligente y experiencia enseñando, Kay y el equipo han desarrollado estos cursos inductivos únicos que son utilizados en cerca de 185 países en 70 idiomas.

Movilizando

Estamos movilizando un grupo de creyentes que "manejan bien la Palabra de Dios" y quieren utilizar sus dones espirituales y talentos para alcanzar 10 millones más de personas con el estudio bíblico inductivo para el año 2015. Si compartes nuestra pasión por establecer a las personas en la Palabra de Dios, te invitamos a leer más. Visita **www.precept.org/Mobilize** para más información detallada.

Respondiendo Al Llamado

Ahora que has estudiado y considerado en oración las escrituras, ¿hay algo nuevo que debas creer o hacer, o te movió a hacer algún cambio en tu vida? Es una de las muchas cosas maravillosas y sobrenaturales que resultan de estar en Su Palabra – Dios nos habla.

En Ministerios Precepto Internacional, creemos que hemos escuchado a Dios hablar acerca de nuestro rol en la Gran Comisión. Él nos ha dicho en Su Palabra que hagamos discípulos enseñando a las personas cómo estudiar Su Palabra. Planeamos alcanzar 10 millones más de personas con el Estudio Bíblico Inductivo para el año 2015.

Si compartes nuestra pasión por establecer a las personas en la Palabra de Dios, ¡te invitamos a que te unas a nosotros! ¿Considerarías en oración aportar mensualmente al ministerio? Si ofrendas en línea en **www.precept. org/ATC**, ahorramos gastos administrativos para que tus dólares alcancen a más gente. Si aportas mensualmente como una ofrenda mensual, menos dólares van a gastos administrativos y más van al ministerio.
Por favor ora acerca de cómo el Señor te podría guiar a responder el llamado.

COMPRA CON PROPÓSITO

Cuando compras libros, estudios, audio y video, por favor cómpralos de Ministerios Precepto a través de nuestra tienda en línea (**http://store.precept.org/**) o en la oficina de Precepto en tu país. Sabemos que podrías encontrar algunos de estos materiales a menor precio en tiendas con fines de lucro, pero cuando compras a través de nosotros, las ganancias apoyan el trabajo que hacemos:

• Desarrollar más estudios bíblicos inductivos
• Traducir más estudios en otros idiomas
• Apoyar los esfuerzos en 185 países
• Alcanzar millones diariamente a través de la radio y televisión
• Entrenar pastores y líderes de estudios bíblicos alrededor del mundo
• Desarrollar estudios inductivos para niños para comenzar su viaje con Dios
• Equipar a las personas de todas las edades con las habilidades es estudio bíblico que transforma vidas

Cuando compras en Precepto, ¡ayudas a establecer a las personas en la Palabra de Dios!